U0856387

心理急救

应对各种日常心理问题的策略和方法

牧之◎著

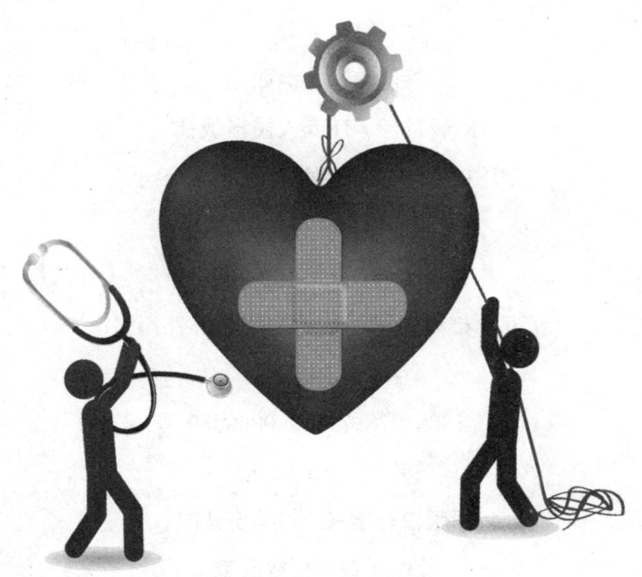

图书在版编目（CIP）数据

心理急救/牧之著.--南昌：江西人民出版社，

2016.9

ISBN 978-7-210-08608-6

Ⅰ. ①心… Ⅱ. ①牧… Ⅲ. ①精神疗法 Ⅳ.

①R749.055

中国版本图书馆CIP数据核字(2016)第166901号

心理急救

牧之／著

责任编辑／涂如兰

出版发行／江西人民出版社

印刷／固安县保利达印务有限公司

版次／2016年9月第1版

2018年9月第4次印刷

720毫米×1000毫米　1/16　16.75印张

字数／212千字

ISBN 978-7-210-08608-6

定价／35.00元

赣版权登字-01-2016-416

前言

你是否总是感到焦虑不安，内心一直动荡不平静？总是忧心忡忡，担心会有什么意外的变故不期而至？总是感觉自己各方面不如别人，责怪命运的不公？总是无端烦恼，为一点小事发脾气？明知不必要却难以自我克制？惧怕与人来往，一见到人就感到紧张？有时会失去方向感，不知道自己身在何方？很长时间情绪持续低落，对什么都很麻木，感到了无生趣？最近身体有难以忍受的感觉，头痛、失眠、厌食？

不断进步、日趋复杂的社会为现代人带来了日益凸显的情绪危机，来自生活、学习、工作、环境和精神孤独等方面的压力，使许多人背负了很多心理问题，遇到了很多心理障碍。这些心理问题往往使人们心理失衡，甚至失去生活动力，严重影响着人们的身心健康和生活质量。进行心理调适，已成为当今社会日益关注的话题。

心理问题不会自己消失，它就像呼吸一样如影随形。如果我们对它置之不理，问题就会像滚雪球般愈滚愈大。“千里之堤，溃于蚁穴”，心理问题如果不能得到控制和防范，将会愈演愈烈，最后形成一股凶猛的洪水吞噬我们的人生“大堤”。不仅会让我们的内心千疮百孔，产生焦虑症、忧郁症、恐惧症等心理疾病，还会因此导致身体疾病，轻则神经衰弱、神经官能症，重则引发糖尿病、高血压、心脏病等重大疾病，给我们的工作、学习、生活、健康造成恶性影响。

俗话说“心病还须心药医”，心理疾病也不像你想象的那么可怕，难以应付和克服。从理论上讲，一般的心理问题都可以自我调节，每个人都可以用多种形式自我放松，缓和自身的心理压力和排解心理障碍。面对“心病”，关键是你如何去认识它，并以正确的心态去对待它。虽然我们不能做一个专业的心理医生，但提高自己的心理素质，学会心理自我调节、学会心理适应、学会心理自助，每个人都可以在心理疾患发展的某些阶段成为自己的“心理医生”。

心理问题会影响我们的生活，懂得运用心理健康知识管理自己，我们才能有效地掌握自己的心理和情绪变化，我们才能和他人友好互助地相处，我们的生活才会幸福、有意义，我们的学习、工作才会有所成就。

《心理急救》以“大家都有病，人人都是自己的心理医生”为基本理念，针对目前大众生活现状，总结出焦虑、忧郁、恐惧、自卑、孤独、强迫等日常最容易出现的心理问题、心理障碍乃至心理疾病，提供具体的自我诊断测试、行为分析以及自我矫正指南。既有心理症状、发病原因解析，也有案例讲解，还提供科学、简单、快速、高效的急救治疗方法，同时根据每种类型的心理疾病，设计了灵活多样的自我诊断测验，帮助你自诊自测，了解自己的心理趋向，以便及早地发现不健康的心理信号，及时治愈。

本书是一本心理疾病的自我诊断手册，一本心理危机的自我援助指南，一本快乐生活的实用工具书。读者通过阅读此书可以清楚、准确地认识自身心理问题，及时从心理疾病中解脱。一册在手，既能“对号入座”，自我诊断存在的心理问题，找出生活不快乐的原因，更可有的放矢，有针对性地找到一些使自己幸福快乐的方法，从而更好地生活。

从现在起，向心理疾病宣战，直面内心的冲突，根除深藏于我们内心的心灵毒素，保持心理平衡，永葆心理健康，以轻松、愉悦的心情面对美好人生，享受和谐、安宁、快乐的幸福生活！

目　录

第7章 孤独：我的孤独，虽败犹荣

第8章 挫折：命运为什么总是和我过不去

第9章 强迫：魔鬼暗示我必须这么做

第10章　癔症：看我“癔”想怎样天开

第11章　成瘾：爱好如吸毒，越爱越上瘾

第1章

大家都有病：谁的心理不迷茫

总感到心急如焚，焦急烦躁，心绪难有安宁的时刻？经常忧心忡忡，闷闷不乐，给人一种心事重重的感觉？总担心会有什么糟糕的事情发生，在担惊受怕中过日子？总感觉自己不如人，别人什么都比自己好，经常自怨自艾？一到公司大脑就像上了发条？害怕与人来往，对人总怀有戒备之心？明知根本无必要却不能克制？我们究竟怎么了？

关键词

心理异常　心理失衡　变态　应激　兴奋　狂躁　不安　抑郁

你的心理异常吗

心理异常，是正常心理活动中的局部异常状态。平时人们所说的“心理困惑”“心理困扰”等，指的就是这种常见心理异常，也常常被简称为“心理问题”。

常见心理异常是人们在人生的各年龄阶段都会遇到的普遍的心理失衡状况，如青年大学生在社会适应、身心成长、人格发展中产生的学习焦虑、交往障碍、恋爱困扰等心理问题，成年人的婚姻家庭、子女教育、事业、人际关系等方面的问题。

常见心理异常与其他各种类型的心理异常相比较，通常具有以下三个基本特征。

1．情景性

常见心理异常常由特定的情景所诱发，与特定的情景紧密相关。也就是说，常见心理异常的发生仅局限于某种或某些情景刺激而尚未泛化，情景刺激具有特定性。例如大中小学生考试时的过度紧张反应（看错题、看漏题、回忆不起复习过的知识内容等），是由考试情景诱发的，与考试气氛紧密相关。这种紧张反应在其他各种非考试情景中通常不会出现。情景性的心理反应失常，在正常的活动中虽然也时有可见，例如第一次登台演出、第一次独自驾车外出等，都会出现程度不同的紧张反应，即正常心理活动中的紧张反应等心理反应失常，与某种情景也紧密相关，但这种性质的心理反应失常，通常可以通过不断适应某种情景而逐渐减少以至最终消失。经常登台演出，经常独自驾车外出，久而久之也就习以为常而不再出现紧张反应。同时，正常心理活动中的心理反应失常，在各种“第一次”或具有相当刺激性的情景中都会出现，其程度和表现也大同小异。然而常见心理异常的反应则不然，不仅只对某种特定的情景作出异乎寻常的强烈心理反应，以致不为常人所理解和认同，而在其他情景即使是在“第一次”或具有相当刺激性的情景面前也不会产生如此强烈的反应，似乎只对某种特定情景（例如考试情景）“情有独钟”。而且某种特定情景反复出现，也难以通过不断适应而逐渐减少异常反应，甚至还会出现“越演越烈”的趋向，以至最终演变成心理障碍、心理疾病。

2. 偶发性

绝大多数常见心理异常并不经常或持续出现，而是偶发的、暂时的。这一方面是指脱离某种特定的情景，常见心理异常就不复存在。例如，对考试情景会产生强烈紧张反应的学生，在大多数非考试情景下都表现正常。而某种特定情景并非经常或持续出现，因而常见心理异常只有在特定的条件下才会有所显现。同时，在某种特定情景下，有时也会不出现异常的心理反应，或者这种反应比较微弱。另一方面是指常见心理异常常常会自行缓解，或者是出现异常反应的频率逐渐减少，或者是强度逐渐减弱，或者是一段时间后自行痊愈。当然常见心理异常也可逐渐演变成心理障碍或心理疾病。

3. 无病理性变化

常见心理异常的心理状态没有病理性变化，即精神活动正常，不存在智力迟滞、情绪淡漠、病态自信等心理过程障碍以及由心理过程障碍引起的怪癖、对立、麻木等行为障碍，不存在朦胧、梦幻、嗜睡、昏睡、昏迷等各种层次各种程度的意识水平降低和丧失现象，不存在对时间、地点、人物识别错误的“定向力缺损”，不存在否认自己心理问题的“自知力缺乏”。

具有常见心理异常的人，其心理活动和心理状态在通常情况下给人的感

觉都是正常的，即使在特定情景下出现了常见心理异常的某些征象，通常也不认为是一种心理异常的表现。其原因就是不存在与常人比较有明显不同的病理性精神症状。

你的心理失衡了吗

在多数情况下人们的心理是处于失衡状态的。在心理学上，心理失衡是指人的心理失去和谐而处于理念、情感和行为的冲突状态。

在不同的人身上，心理失衡有不同的表现。有的表现为不分是非的逆反和抵触、不问对象的疯狂报复、不遗余力的谩骂攻击等，一些青年人尤其如此。有的人则表现为情绪消沉、悲观厌世、自怨自艾、自我封闭等，否定自己的价值进而否定人生的意义。还有的人心理失衡之下，为求得内心的宁静，无论什么问题都无原则地顺应别人，以致形成了逆来顺受的庸人性格。

造成心理失衡的原因很多，又因人而异，非常复杂。愿望不能实现、需要得不到满足、处理不好人际关系、经受不了挫折、适应不了环境、恶疾缠身等等，都是心理失衡的诱因。心理学研究认为，种种原因可以归结为两类：外界压力，为客观原因；心理调控失败，为主观原因。

心理失衡的危害是严重的，不但会造成人心理上的病变，还可能带来身体上的疾病，严重影响人们的正常生活。因此，必须学会自我调节，保持心理平衡。

心理平衡就是指人们用升华、幽默、外化、合理化等手段来调节对某一事物得失的认识。心理学家认为，心理平衡是指个体在观念认识、情绪反应、行为倾向等方面的和谐反应状态。心理平衡应表现为没有欲望和观念的冲突或冲突被调匀；心平气和，没有紧张、焦虑、畏缩等不良情绪反应等。

中国人之所以用“心理平衡”一词来形容这一心理调节过程，离不开我们“阴阳对立、福祸转换”的遗传“文化基因”。自古以来，中国人深受道家思想的影响，在看待个人的荣辱得失时，很讲究内心的平衡之道。可以说，中国人用“心理平衡”一词形容自我的心理调节是个必然。实际上，心理学中的“内向”“外向”的概念即含有阴阳平衡之意，是瑞士心理学家荣格在读了老子《道德经》之后创造的。

那么心理平衡与心理健康是什么样的关系呢?

心理平衡是心理健康的重要标志，但并不等于心理健康。

心理学家对心理健康标准的规定并不是一成不变的。它可以随着社会及个体的变化不断地调整。另外，心理活动形式丰富多彩，绝非千篇一律。心理活动本身是一个动态的过程，不是僵死的状态。心理健康就是不断向良好心理特征变化的过程，是人通过不断心理调整达到的一种良好状态。不断调整的过程，就是把种种原因造成的心理失衡调适为心理平衡的状态。心理平衡是心理健康过程的终点和心理健康状态的表现。可以说，心理平衡是心理健康的重要标志。

虽是重要标志，但如果认为心理平衡就代表着心理的健康，那么你就走入了误区。通常人们会认为心理健康是平衡与适应，并把平衡理解为内心无冲突，把适应理解为对周围环境的顺从。但这两种理解都不能说是心理健康的表现。例如，一个满足现状、没有追求、不思进取的人，由于不会有挫折感、不会有冲突，其内心一般颇为平衡，但能说他心理健康吗？再比如，今日社会上到处都是见人说人话、逢鬼说鬼话、左右逢源、上下讨好的人，实在不能说他们心理健康。实质上，心理健康应该是一种积极的人生态度。

你的心理有障碍吗

心理障碍，又称情感性精神障碍，是一组以情感改变为基本特征的障碍。广义的包括精神科所有常见的异常情感，如焦虑、恐惧等，这里的情感性精神障碍则仅限于以情感高涨或低落为主要特征，其伴有相应认知、行为改变，间歇期精神状态基本正常，预后一般较好，但有复发倾向。心理障碍是精神科常见疾病之一，发作较轻者未必达到精神病的程度。

心理障碍的发生，与某些生物因素尤其是遗传、心理社会因素如创伤性生活事件（亲人亡故、重大经济损失等）以及慢性心理社会刺激（失业、慢性疾病等）有密切关系。

心理障碍的发作可表现为狂躁相或抑郁相及持续性心理障碍这一亚型。狂躁症主要以情绪高涨、容易激惹等为主。与所处的境遇不相称，可兴高采烈、兴奋不安、自我评价过高、激越甚至发生意识障碍，严重者可出现与心境协调或不协调的幻觉、妄想等精神病性症状。抑郁症则以情绪低落为主要特征，伴对日常生活丧失兴趣，精力减退，精神运动性迟滞，自卑、自责甚至自罪，思维迟缓，言语少，食欲下降，性欲减退，失眠等，可以闷闷不乐到悲痛欲绝，甚至发生木僵状态，严重者可出现幻觉、妄想等精神病性症状，个别病例中焦虑和运动性激越比抑郁更显著。一般预后较好，少数病程迁延。

心理障碍是一种以心理症状为主的精神障碍。心理障碍的不同诊断类型主要取决于心理疾病产生的原因以及伴随的症状。

你的心理有危机吗

随着社会的发展，现代生活、工作节奏的加快，人们面临的心理压力越来越重。我们可以这样说：每个人都有不同程度的心理问题，但并不是所有的人都会出现心理危机。

心理危机，可以指心理状态的严重失调，心理矛盾激烈冲突难以解决，也可以指精神面临崩溃或精神失常，还可以指发生心理障碍。

典型的个人心态具有以下几点：

· 遭遇重大心理压力的生活事件；

· 患者出现一些不适，但都构不成精神病的程度，不符合任何精神病的诊断；

· 依靠个人的能力无法应付或适应；

· 产生极大的心理痛苦。

人的一生中，每一个阶段都会出现危机，每个人都会遇到不同的危机。年轻人一般会遇到一些诸如恋爱婚姻、工作职业、人际关系、环境适应方面的危机。而老年人则有以精神、躯体疾病为主的危机。

当一个人出现心理危机时，当事人可能及时察觉，也有可能“不知不觉”。一个自以为遵守某种习惯了的行为模式的人，也有可能潜在着心理危机。染有严重不良瘾癖的人，常常潜伏心理危机。当戒除瘾癖时，心理危机便会暴露无遗。

心理危机的表现形式很多，现举下例加以说明。

冯艳，32岁，一家音像公司的老板。她是生意场上的女强人，由于商场如战场，整天打打杀杀，稍有不慎，就会有闪失，所以工作压力大，每天清晨起来都会担心这一天有什么不好的事情发生。每天工作十几个小时，也不敢休息，生怕一休息，倒霉的事情会发生。这样一天到晚，精神都绷得特别紧，觉得马上就要绷断了，自己快要死了。

小张，21岁，某大学学生。因与男朋友在校外同居被老师发现，受到了处分，觉得面子上过不去，老师同学都用异样的眼光看自己。她还担心学校把这件事告诉父母，觉得活着也没脸见人了。

林娇，34岁，家庭主妇。因丈夫生意做大后，有了钱，整天在外面花天酒地，不顾家，还在外面包二奶，产生婚姻危机，自己随时都有可能成为弃妇，想把丈夫和第三者杀死。

许多人在工作、学习、生活中遇到困难、挫折或重大的刺激时，若用以往应付问题的方法失败了，就会出现心理失衡，产生悲观、烦恼、焦虑、抑郁、孤独等消极情绪及行为紊乱等，甚至产生自杀或他杀的念头。专家认为，有了心理危机，如果得不到及时的治疗，轻则导致神经衰弱，重则患上抑郁症或精神错乱。

一般来说，每个人、每个阶段、每个年龄层都有心理危机，只不过有的人能顺利渡过，有的人却打上了解不开的千千结，变得性格内向，不善于人际交流，遇事多敏感、想不开，凡事爱钻牛角尖。

资料表明，心理危机男人比女人多，年轻的比年纪大的多，接受中等教育水平的多，工人、职员、学生、干部、管理人员、科技人员、教师、医务工作者和无固定职业人士居多，未婚的比已婚的多。

能不能克服心理危机，首先取决于一个人的自信心。

其次，在个人无法应对的时候，要积极地寻求帮助。

第三，危机干预可以帮助人们进行“人格塑造”，帮助人们恢复自信，从而利用个人的能源——个人的智力、智慧和信心，改造心理缺陷，发挥自己的潜能。当一个人在心理失衡的情况下，如果有一些专门的机构和专业人员来干预一下，倾听他们的诉说，及时地帮他们拂去阴影，情况就大不相同了，或许苦闷的心情会变得开朗，觉着生命没有意义的大多会更加珍惜自己的生命。

第四，家庭、社会也要给以关心互助。

你的心理健康吗

什么是心理健康呢？心理健康不仅是没有心理疾病，而且是一种持续的积极发展的心理状况。在这种状况下，主体能做出良好的适应，能充分发挥身心潜能。

可见，心理健康包括了两层含义：首先是没有心理疾病，这是心理健康最起码的要求，就像没有身体疾病是身体健康的最基本条件一样；其次是保持一种积极发展的心理姿态，这是心理健康的本质含义，意味着要消除一切不健康的心理倾向，使一个人处于最佳心理状态。

下面是心理健康的七项标准说，也是所有标准说法中最为各国心理学家所认同的。

1. 正常的智力水平

智力是衡量一个人心理健康与否的最重要的标志之一。正常的智力水平是一个人生活、学习、工作的最基本的心理条件。智力不是某种单一心理成分，而是人的观察力、记忆力、注意力、想象力、思维能力以及实践活动能力的综合，是大脑活动整体功能的体现，其中思维能力是核心。对外界刺激的反应过于迟钝或敏感、思维出现妄想、出现幻觉等，都是智力不正常的表现。

2. 健全的人格

人格是一个人的整体精神面貌，是一个人所具有的稳定的心理特征的总和。具体是指一个人在适应社会生活的过程中，其身心行为所表现出来的对自己、对他人、对外界事物的个性特征，又被称为个性或个性心理。人格的各种要素不是孤立存在的，它们有机结合而形成一个整体。健全的人格是指构成人格的诸要素，如气质、能力、性格、理想、信念、人生观等各方面均平衡、健全的发展。

从人本主义自我实现的需求出发，著名发展心理学家阿尔波特提出了健全和成熟的人格标准：

· 有自我扩展的能力。

· 有与他人热情交往的能力。

· 在情绪上有安全感和认同感。

· 具有现实性。

· 有清醒的自我意识。

· 有一致的人生哲学。

3. 较强的社会协调性

较强的社会协调性，是指一个人能够根据客观环境的需要，不断调整自己的身心行为，达到与客观环境和睦相处的协调状态。社会协调性主要表现在以下三个方面：

· 较强的人际关系的适应能力。

· 较强的自然环境适应能力。

· 较强的适应不同情境的能力。

4. 稳定适中的情绪和情感

心理健康者能经常保持愉快、乐观、开朗的心境，对生活和未来充满希望。当然也会有悲、忧、哀、愁等消极情绪体验，但总能主动调节；同时能控制情绪的过分表达，做到喜不狂、忧不绝、胜不骄、败不馁。

5. 健全的意志，协调的行为

每个人都有或大或小的理想，自觉地确定你的理想目标，并支配自己的行动，努力实现这个目标的心理过程就是意志。意志与行为是一体的：行为受意志支配和控制，称为“意志行为”；通过行为，可以看出一个人意志活动的实质。可以通过四种心理品质来衡量一个人意志品质的高低、强弱、健全与否：果断、自觉、自控、坚韧。

6. 和谐的人际关系

和谐的人际关系是心理健康的重要标准，也是维持心理健康的重要条件之一。

人际关系和谐有如下的具体表现：

·在人际交往中，心理相容，互相接纳、尊重，而非心理相克，互相排斥和贬低。

·对他人情感真挚、善良，而非冷漠无情、伤害别人。

·懂得奉献，以集体利益为重，而非损人利己。

7. 心理特点符合心理年龄

心理年龄是指人的整体心理状况所呈现出的年龄特征，与实际年龄也不完全一致。人的一生可以分为八个心理年龄期：胎儿期、乳儿期、幼儿期、学龄期、青少年期、青年期、中年期、老年期。人在不同的心理年龄期具有不同的心理特点。比如人在幼儿期天真活泼；青少年期自我意识增强，身心飞跃突变，心理活动往往动荡剧烈；到了老年期，心理倾向成熟稳定、老成持重，但身心功能弹性降低，情感容易变得忧郁。

心理特点符合心理年龄，主要有两方面的标准：

·个体的实际年龄应当与心理年龄、生理年龄相符；

·个体在不同心理发育期应表现出相应的心理特征。

你的心理处于什么状态

心理健康状态与非健康状态的区分标准一直是心理学界讨论的话题，不少国内外心理学学者根据自己研究调查的结果提出了多种心理健康标准。

从健康状态到心理疾病状态一般可分为四个等级：健康状态、不良状态、心理障碍、心理疾病。

1. 心理健康状态

心理医生们通过临床心理学实践工作，提出了一套简捷的评价方法，即从本人评价、他人评价和社会功能状况三方面分析：

· 本人不觉得痛苦。即在一个时间段中（如一周、一月、一季或一年）快乐的感觉大于痛苦的感觉。

· 他人不感觉到异常。即心理活动与周围环境相协调，不出现与周围环境格格不入的现象。

· 社会功能良好。即能胜任家庭和社会角色，能在一般社会环境下充分发挥自身能力，利用现有条件（或创造条件）实现自我价值。

2. 不良状态

又称第三状态，是介于健康状态与疾病状态之间的状态。是正常人群组中常见的一种亚健康状态，它是由于个人心理素质（如过于好胜、孤僻、敏感等）、生活事件（如工作压力大、晋升失败、被上司批评、婚恋挫折等）、身体不良状况（如长时间加班劳累、身体疾病）等因素所引起。它的特点是：

· 时间短暂。此状态持续时间较短，一般在一周以内能得到缓解。

·损害轻微。此状态对其社会功能影响比较小。处于此类状态的人一般都能完成日常工作学习和生活，只是感觉到的愉快感小于痛苦感，“很累”“没劲”“不高兴”“应付”是他们常说的词。

·能自已调整。此状态者大部分通过自我调整如休息、聊天、运动、钓鱼、旅游、娱乐等放松方式，能使自己的心理状态得到改善。小部分人若长时间得不到缓解可能形成一种相对固定的状态。这小部分人应该去寻求心理医生的帮助，以尽快得到调整。

3. 心理障碍

心理障碍是因为个人及外界因素造成心理状态的某一方面（或几方面）发展的超前、停滞、延迟、退缩或偏离。它的特点是：

·不协调性。其心理活动的外在表现与其生理年龄不相称或反应方式与常人不同。如：成人表现出幼稚状态（停滞、延迟、退缩）；儿童出现成人行为（不均衡的超前发展）；对外界刺激的反应方式异常（偏离）等等。

·针对性。处于此类状态的人往往对障碍对象（如敏感的事、物及环境等）有强烈的心理反应（包括思维及动作行为等），而对非障碍对象可能表现很正常。

·损害较大。此状态对其社会功能影响较大。它可能使当事人不能按常人的标准完成其某项（或某几项）社会功能。如：社交焦虑者（又名社交恐惧）不能完成社交活动，锐器恐怖者不敢使用刀、剪，性心理障碍者难以与异性正常交往。

·需求助于心理医生。此状态者大部分不能通过自我调整和非专业人员的帮助而解决根本问题。心理医生的指导是必需的。

4. 心理疾病

心理疾病是由于个人及外界因素引起个体强烈的心理反应（思维、情感、动作行为、意志）并伴有明显的躯体不适感。是大脑功能失调的外在表现。其特点是：

·强烈的心理反应。可出现思维判断上的失误，思维敏捷性的下降，记忆力下降，头脑粘滞感、空白感，强烈自卑感及痛苦感，缺乏精力，情绪低落或忧郁，紧张焦虑，行为失常（如重复动作，动作减少，退缩行为等），意志减退等等。

·明显的躯体不适感。由于中枢控制系统功能失调，可引起所控制的人体各个系统功能失调，如：影响消化系统则可出现食欲不振、腹部胀满、便秘或腹泻（或便秘—腹泻交替）等症状；影响心血管系统则可出现心慌、胸闷、头晕等症状；影响到内分泌系统可出现女性月经周期改变、男性性功能障碍，等等。

·损害大。此状态之患者不能或只能勉强完成其社会功能，缺乏轻松、愉快的体验，痛苦感极为强烈，“哪里都不舒服”“活着不如死了好”是他们真实的内心体验。

·需心理医生的治疗。此状态之患者一般不能通过自身调整和非心理科专业医生的治疗而康复。心理医生对此类患者的治疗一般采用心理治疗和药物治疗相结合的综合治疗手段。在治疗早期，通过情绪调节药物快速调整情绪；中后期结合心理治疗解除心理障碍，并通过心理训练达到社会功能的恢复，提高其心理健康水平。

是什么在影响我们的心理

导致心理不健康的原因较多，一般认为大致有以下几种：

1. 生物学原因

指遗传、生化、生理、脑及躯体损伤等因素导致的心理不健康。

遗传：大量的调查研究资料表明，在心理疾病中，遗传因素有一定的作用，尤其在精神分裂症、狂躁性抑郁症等疾病中，遗传因素的致病作用较为明显。

生化：近代神经化学研究表明，中枢神经递质中的乙酰胆碱、去甲肾上腺素、多巴胺等物质代谢失常，可以成为诱发心理障碍的主要原因。

机体损伤：机体损伤或患病可以引致心理变态。例如脑外伤可引起变态行为；癌症、糖尿病等可以引起适应不良的人格变态等。

2. 心理学原因

指那些因环境条件的变化，通过心理的影响而引起人的心理与行为异常的因素。学术界在阐述心理因素的致病作用的问题上，形成了心理动力学派、行为主义学派和人本主义学派。

心理动力学派：以弗洛伊德为代表。该学派认为，被压抑的情绪和心理冲突是心理变态的动力学原因。内在的矛盾冲突或情绪的紊乱是在意识水平之下进行的。个体在无意识中隐藏着被压抑的本能欲望和冲动，这种欲望和冲动由于社会道德、规范的限制，不能得到满足。但在某些外界条件的作用下，无意识的矛盾和冲突就会释放出来，导致某些心理和行为的变态。

行为主义学派：以华生为代表。他们用实验的方法研究人的行为，观察刺激和反应，学习和习惯的表现来解释变态心理的原因。华生做过模拟性恐怖实验。他让一个喜欢玩弄动物的幼儿接触一只白鼠，幼儿并不害怕白鼠，可以用手触摸。当他用手触摸时，实验者发出可怕的巨响，结果幼儿哭闹起来，可见幼儿的恐怖行为是由学习和习惯获得的。巴甫洛夫的条件反射实验，给华生的观点有力的支持。该学派的观点认为，人的行为是通过学习和训练而得到的，心理变态的表现可以看作是学习到的异常行为。

人本主义学派：美国临床心理学家罗杰斯创立。罗杰斯认为，人具有自我实现的需要。人本身就有一种自我实现的无限潜能。如果受到巨大挫折，使内在的潜能不能很好地发挥，这时人就产生了自我防御和失调现象。罗杰斯还认为，在自我实现的过程中，人很重视自我价值，愿意得到别人的肯定和尊重。如果失去自尊的需要，其人格正常发育受到影响，就可能导致心理与行为的异常。

3. 社会文化因素

心理学家研究证明，生物学因素决定着心理现象的发生和存在，而社会文化因素决定着心理现象发生、发展和变化的方向。此处社会文化因素包括社会制度、经济条件、生活与文化水平、伦理道德、教育程度等。

文化因素：文化因素对某些心理疾病的发展有着巨大的影响。当今世界，科学技术与物质文明高速发展，给人们的心理带来的压力越来越大，如果适应调整不良，就会危害人的身心健康。文化水平低，迷信巫术的人，心理与行为变态就容易发生。

社会文化关系的失调：社会文化关系包括阶级、民族、宗教、职业、道德、两性关系等。关系失调的原因很多，但主要来自社会生活事件，如配偶死亡、离婚、失业、考试失败、失恋、家庭不幸、工作紧张等，也有地震、火灾等突发原因。如果这种失调的强度大、时间长，就可能导致人发生心理和行为异常。

社会动乱的心理创伤：长时间的社会动乱或者暴动会对心理造成巨大的影响。

社会紧张状态的心理作用：人口过密、拥挤、噪声骚扰、生活贫困、工作紧张、社会犯罪、歧视等，都可以造成紧张状态。伴随紧张状态而产生的消极情绪，如忧愁、悲伤、焦虑、恐惧等，可以扰乱人的心理和行为。

学做自己的心理医生

生活中的每个人，承担各自的社会责任，都存在不同程度的心理卫生问题。随着社会不断变革，人们的情感、思维方式、知识结构、人际关系在发生变化，引发心理问题的因素也是多种多样的。据专家介绍，由于现代人生活方式的改变，生活节奏的加快，一些人的盲目行为增多，加之过分追求短期效益，因而失败的几率较高，内心失去平衡，容易产生心理问题。心理专家认为："一个人的心理状态常常直接影响他的人生观、价值观，直接影响到他的某个具体行为。因而从某种意义上讲，心理卫生比生理卫生显得更为重要。"从理论上讲，一般的心理问题都可以自我调节，每个人都可以用多种形式自我放松，缓和自身的心理压力并排解心理障碍。面对"心病"，关键是你如何去认识它，并以正确的心态去对待它。虽然我们找心理医生看病还不能像看感冒发烧那样方便，但只要提高自己的心理素质，学会心理自我调节，学会心理适应，学会自助，每个人就可以在心理疾患发展的某些阶段成为自己的"心理医生"。

首先是掌握一定的心理科学知识，正确认识心理问题出现的原因；其次，是能够冷静清醒地分析问题的因果关系，特别是主观原因和缺欠，安排好对己对人都负责任的相应措施；再次，是恰当地评价自我调节的能力，选择适当的就医方式和时机。

现代社会要求人们心理健康、人格健全，不仅要拥有良好的智商，还

要有良好的情商。在出现心理问题时，人们开始重视并寻求咨询和医疗，这是社会文明进步和人们文化素质提高的一种表现。据专家介绍，生活条件越好，文化层次越高，人们对心理卫生的需求也就越迫切。随着文化科学知识的普及和心理卫生服务的完善，解决“心病”会有更多更好的渠道和办法。

测试：看看你心理是否异常

为了明确你是否存在常见心理异常，请你进行“常见心理异常综合诊断测验”。你只需在下面的22个描述中，依据自己的真实情况回答“是”或“否”即可。

· 你最近是否感到闷闷不乐，常给人一种心事重重的感觉？

· 你是否总担心糟糕的事情发生？

· 你是否总是对人怀有戒备之心或者是对他人的不幸无动于衷？

· 你是否在公共场合因为一点小事就暴跳如雷？

· 你是否总是心急如焚？

· 你是否经常自怨自艾、悲观失望？

· 你是否经常疑神疑鬼？

· 你最近是否总感到空虚无聊？

· 好长一段时间，你是否总是无端烦恼？

· 你是否经常感到无精打采？

· 你是否有时会失去方向感，不知道自己身在何方，不知道身边人都是哪里来的？

· 你是否有不知所措的时候？

· 你最近是否有身体难以忍受的感觉？

· 你最近是否在挫折面前经常一蹶不振？

· 你是否常常想出风头，炫耀自己？

· 你最近是否对事物失去兴趣，体会不到生活的乐趣？

· 是否不论怎样眉飞色舞，情绪高涨都不适合你？

· 你最近是否喜怒无常？

· 你经常因为一点小事就发怒吗？

· 你最近是否感到了无生趣，情绪持续低落？

· 你是否很长时间对什么都很麻木？

· 你最近是否即使对自己有切身利益的事情也不关心？

【测验结果分析】

选“是”记5分，选“否”记0分。

将测验中你选“是”的选项加起来，看看有多少个，每个记5分。所得的总分就是你的“常见心理异常综合测验”的总体得分。这个得分说明你是否具有常见心理异常。分数的意义如下：

如果你的得分在80分以下，说明你心理上没有异常，不存在任何心理障碍；

如果你的得分是80～100分，说明你具备一些常见心理异常的特征，但只要平时自己注意，并不影响你的生活和工作；

如果你的得分在100分以上，说明你存在常见心理异常，可能会影响你的生活与工作。建议你深入分析自己的心理问题，并在日常生活中注意矫正自己的心态，同时运用本章提供的方法进行矫正。

第2章

焦虑：惶惶然不可终日

在你面临一次重要的考试以前，在你毕业即将踏入社会之际，在你第一次和某一位重要人物会面之前，在你面试面对考官的提问时，在你的老板大发脾气的时候，在你知道孩子得了某种疾病的时候，你可能都会感到焦虑不安。焦虑如影随形，时刻伴随在我们左右。

关键词

焦虑不安　急躁烦闷　心情狂躁　心烦意乱　心绪不宁　坐立不安　手足无措　搓手顿足　精神紧张　脾气暴躁　难以自控　犹豫不决　敏感多疑　神经亢奋

生活中的"隐形杀手"

焦虑是指一种缺乏明显客观原因的内心不安或无根据的恐惧。预期即将面临不良处境的一种紧张心理，表现为持续性精神紧张（紧张、担忧、不安全感）或发作性惊恐状态（运动性不安、小动作增多、坐卧不宁或激动哭泣），常伴有自主神经功能失调表现（口干、胸闷、心悸、出冷汗、双手震颤、厌食、便秘等）。焦虑又分为病理性焦虑和现实性焦虑两种。

1. 病理性焦虑

病理性焦虑是指持续地、无具体原因地感到紧张不安，或无现实依据地预感到灾难、威胁或大祸临头，伴有明显的自主神经功能紊乱及运动性不安，常常伴随主观痛苦感或社会功能受损。以上概念包括了以下基本特点：

· 焦虑情绪的强度并无现实的基础或与现实的威胁明显不相称；

· 焦虑导致精神痛苦和自我效能的下降，因此是一种非适应性的；

· 焦虑是相对持久的，并不随客观问题的解决而消失，常常与人格特征有关；

· 表现自主神经系统症状为特征的紧张的情绪状态，包括胸部不适、心悸、气短等；

· 预感到灾难或不幸的痛苦体验；

· 对预感到的威胁异常地痛苦和害怕，并感到缺乏应对的能力，甚至现实的适应也因此受影响。

2. 现实性焦虑

与病理性焦虑不同，现实性焦虑所表现的是对现实的潜在挑战或威胁的一种情绪反应，而且这种情绪反应是与现实威胁的事实相适应的，是一个人在面临其不能控制的事件或情景时的一般反应。特点是焦虑的强度与现实的威胁的程度相一致，并随现实威胁的消失而消失，因而具有适应性意义。它有利于个体动员身体的潜能和资源来应对现实的威胁，逐渐达到应对挑战所需要的控制感及有效解决问题的措施，直到这种现实的威胁得到控制或消除。因此，现实性焦虑是人类适应和解决问题的基本情绪反应。是人类在进化过程中形成的一种适应和应对环境的情绪和行为反应方式。

焦虑时一定会有不合理的思维存在，正是其不合理的思维维持着精神的紧张和身体的不正常反应。也可以说，不合理思维是焦虑的本质。

焦虑已是当今文明社会的一大公害。预计随着社会结构、社会关系以及人们价值观念的变化，人们将会有越来越多的焦虑。如果你得了焦虑症，你可能在大多数时候、没有什么明确的原因就会感到焦虑；你会觉得你的焦虑是如此妨碍你的生活，事实上你什么都干不了。焦虑不仅影响你的心理和情绪，也危害你的身体健康，还会破坏你的工作和生活，是你生活中的“隐形杀手”。因此，我们一定要警惕焦虑的到来。

焦虑症的患病原因

人们为什么会面临如此众多的焦虑？我们必须从自然界、社会、人的心理及认识活动以及人格特征来分析。这些因素可以概括为：

1. 在工作、生活、健康方面均追求完美化

稍不如意，就十分遗憾，心烦意乱，长吁短叹，老担心出问题，惶惶不可终日。须知，世间只有相对完美，而无绝对完美。世界及个体就是在不断纠正不足，追求真善美中前进。应该知足常乐、随遇而安，决不做追名逐利的奴隶，为自己设置太多精神枷锁，过得太累，把生命之弦拉得太紧。

2. 没有迎接人生苦难的思想准备，总希望一帆风顺、平安一世

正如宇宙的自然规律一样，人生自始至终，都充满了矛盾，绝无世外桃源。人一降临人间，就会面临生老病死苦的磨难。没有迎接苦难思想准备的人，一遇矛盾，就会惊惶失措，怨天尤人，大有活不下去之感。其实，“吃得苦中苦，才能甜上甜”，要学会解决矛盾并善于适应困境。

3. 意外的天灾人祸

意外的天灾人祸会引起紧张、焦虑和失落感，或绝望，甚至认为一切都完了，等待破产、毁灭或死亡。假如碰到意外不幸时，建议你正视现实，不低头，不信邪，昂起头，挣扎着前进，灾难是会有尽头的，忍耐下去，一定会走出暂时的困境。有时往往会“山穷水尽疑无路，柳暗花明又一村”，出现绝处逢生的局面。有时乍看起来是件祸事，过后说不定又是一件好事。人生就是这样包含着“祸兮福所倚，福兮祸所伏”，好与坏，幸福与不幸的辩证关系。

4. 神经质人格

这类人的心理素质不佳，对任何刺激均敏感，一触即发，对刺激作出不相应的过强反应，承受挫折的能力太低，自我防御本能过强，甚至无病呻吟，杞人忧天。他们眼中的世界，无处不是陷阱，无处不充满危险。他们整日提心吊胆，脸红筋胀，疑神疑鬼，如此心态，怎么不焦虑。

焦虑症患者的行为表现

焦虑症患者常常会表现出一种忧虑不安的情绪，并会表现出一些强烈的失控行为。

1．脾气暴躁，行为怪异

受不良情绪的影响，患者开始变得乖戾起来。对于眼前所发生的事情开始不满、挑剔起来，认为大家是有意和他作对，有时会大吵大闹甚至会摔砸东西等，这些都是焦虑症的临床表现。

2．焦虑不安，感觉灵敏

许多病人在住院期间都会表现得异常紧张和恐惧，他们惧怕自己的病痛，害怕病故，感觉异常灵敏，甚至能听到自己心脏的跳动声和脉搏的流动声。

3．意志脆弱，依赖性强

患者开始变得脆弱起来，任何一个小小的打击都能让他崩溃。在情感脆弱不堪的同时，对家人、朋友和医生的依赖感加强，好像自己一刻也不能离开他们一样。

4．心境不佳，情感敏锐

病人生病后，由于不能像正常人那样工作学习，生活上处处需要得到家人的帮助和照顾，从而产生焦虑心理，加之生理的不便、药物的副作用和家人的不理解，进一步加剧了情感的变化。他们不仅会变得脾气暴躁起来，还会哭哭闹闹整个不停，尤其是那些病情重者，甚至摔打起来，极不配合医生的治疗。

5．思维紊乱，感觉异常

受焦虑情绪困扰，患者的思维不再像正常人那样清晰敏锐、富有逻辑，考虑问题具有片面和极端，这也是焦虑症的临床表现。

区分急性焦虑症和慢性焦虑症

临床上医师常把焦虑症分成急性焦虑症和慢性焦虑症两类。正确区分这两种焦虑症，有助于采取相应的心理治疗方法，以快速治愈。

1. 急性焦虑症

主要表现为惊恐样发作，在夜间睡梦中多发生，有濒死的感觉。患者心脏剧烈地跳动，胸口憋闷，喉头有堵塞感并呼吸困难。由惊恐引起的过度呼吸造成呼吸性碱中毒（二氧化碳呼出过多导致血液偏碱性），又会诱发四肢麻木、口周发麻、面色苍白、腹部坠胀等，进一步加重患者的恐惧，使患者精神崩溃。这类患者就诊时往往情绪激动、紧张不安，常给医师一种心血管疾病发作的假象。一般急性焦虑发作持续几分钟或数小时，当发作过后或适当治疗后，症状可以缓解或消失。

2. 慢性焦虑症

急性焦虑常在慢性焦虑的背景上产生，但更多患者主要表现为慢性焦虑的症状。一般慢性焦虑的典型表现为五大症状，即心慌、疲惫、神经质、气急和胸痛。此外还有紧张、出冷汗、晕厥、嗳气、恶心、腹胀、便秘、阳痿、尿频急等，有时很难与神经衰弱或其他专科疾病相区分，故需要医师对病情有全面细致的了解，以免误诊。有时候一些必要的辅助检查有助于排除器质性疾病，像心电图、X线胸片、消化道造影、胃镜等可以帮助医师查出疾病。不过，焦虑症的主观症状虽然严重，但客观体征却多是很轻或阴性的。

焦虑症多发生于中青年群体中，诱发的因素主要与人的个性和环境有关。前者多见于那些内向、羞怯、过于神经质的人，后者常与激烈竞争、超负荷工作、长期脑力劳动、人际关系紧张等密切相关，也有部分患者诱因不典型。

焦虑的三种发作形式

焦虑不仅可以引起心理上的变化，也可引起生理上的一系列变化。焦虑时，心烦意乱、坐立不安，搓手顿足、心绪不宁，甚至有灾难临头之感。工作学习时不能集中注意、杂念万千，做事犹豫不决。焦虑会影响睡眠，引起失眠、多梦或噩梦频繁，白天头昏脑涨，感觉过敏，怕噪音、强光及冷热，容易激动，常会有不理智的激情发作。生理方面，出现唇焦舌燥、口渴、多汗、心悸、血压升高及发热感，同时大小便次数增多。

严重时，有三种焦虑发作形式：

· 濒死感。发作时胸闷，气不够用，心中难受，有快断气之恐惧，有人会在急诊室大呼：“医生护士，快拿氧气来！”但决不会因此死人。

· 惊恐发作。莫明其妙地出现恐惧感，如怕黑暗、怕带毛的动物、怕锋利的刀剪、怕床下有小偷……甚至素来胆大的人也会有恐惧，但指不出害怕的对象。

· 精神崩溃感。此时心乱如麻，六神无主，有精神失控感，担心自己会“疯”而恐惧焦虑，但这绝不会是精神病发作。

以上三种发作形式均短暂，只历时数小时，焦虑缓解后，一切如常、风平浪静。

长期处于焦虑状态可以引起诸多疾病，如焦虑性神经官能症，高血压、糖尿病、神经性皮炎等心身疾病。急性焦虑发作时，往往易引起脑血管破裂或心肌梗死而死亡，故应对焦虑及时处理治疗。

形形色色的焦虑

在如今这个快节奏的社会里，升学就业、职位升降、事业发展、恋爱婚姻、名誉地位，种种事情使人们承受着巨大的心理压力，由此产生焦虑情绪，造成心神不宁、焦躁不安，严重影响人们的工作和生活。发生焦虑的原因多种多样，与之对应，焦虑现象也形形色色。

1. 职业焦虑

现如今，人们的工作压力不断增大，抵抗力却不断下降，害怕失业、担心找不到工作……焦虑症作为一种现代职业病，已经引起了社会的广泛关注。

威廉是一家公司的销售部经理，工作十分繁忙。“早上一睁眼我就惶恐不安，永远做不完的事情，响个没完的电话；晚上回到家疲惫不堪，但上床后却难以入睡。我感觉如同在地狱中一般！”像威廉这样的人很多，他们有很强的责任心，希望把事情全部做完做好。但现实情况是：你没有时间什么都做。于是，无边的焦虑倾轧过来。

焦虑是一种普遍的心理障碍，在职场中发病率较高，而且在知识女性中的发病率比男性要高。职业焦虑症的焦虑和担心一般会持续在6个月以上，其具体症状包括以下四类：身体紧张、自主神经系统反应性过强、对未来无名的担心、过分机警。这些症状可能单独出现，也可能一起出现。

2. 同事焦虑

英语专业毕业的路小姐业务能力极强，走到哪里都得到上司的赏识，她工作六年，却换过八家公司。为什么频繁跳槽？其实既不是她不适应业务，也不是老板炒她鱿鱼，都是她自己自动离职。原因只有一个。她困惑地对心理医生说："我不知道如何与同事相处，为什么总有人造谣诬蔑我？有人排挤我？有人向老板告我的黑状？我也没有做错什么，为什么不能容忍我的存在？我只好逃避……"

3. 谈判焦虑

一位来自香港的年轻老板黄先生，曾有很好的经商业绩。他到内地发展事业后，还娶了有经济专业硕士学位的霍小姐为妻。他因感到自己对内地政策、风俗了解较少，普通话也讲不好，所以在商业谈判中总是怕开口，依赖太太做他的代理人。而霍小姐毕竟年轻，经商经验不多，自信心不足，因而对丈夫不满，矛盾由此产生。

4. 媒体焦虑

某部委干部乔女士由于工作近年来得到政府重视，各种媒体频繁地进行采访，"上镜"机会很多。但因她工作中一些难言的苦衷，使她对媒体的采访越来越反感，多次出现与记者的矛盾冲突。经心理测试，发现乔女士患了焦虑性神经症。

5. 着装焦虑

中青年女性容易产生与化妆或着装有关的焦虑情绪。简女士说："一看见别人比自己会打扮，就像打了败仗一样，情绪一落千丈！"钟小姐说："在某些隆重的场合感到自己服装色彩的搭配不和谐，服装的样式也不够时髦，顿时像被人家扒光了衣服一样无地自容！……"

还有如生活焦虑、亲友焦虑、校友焦虑、餐桌焦虑等等，形形色色的焦

虑情绪不胜枚举。它们像病菌一样侵蚀着人们的精神和机体，妨碍着人们的正常人际交往，还直接影响着人们的身心健康。

焦虑症是完全可以战胜的

焦虑症不可怕，只要以积极的态度去面对并做好预防，是完全可以战胜的。

1. 要有一个良好的心态

乐天知命，知足常乐。古人云："事能知足心常惬。"对自己的所走过的道路要有满足感，不要老是追悔过去，埋怨自己当初这也不该，那也不该。理智的人不注意过去留下的脚印，而注重开拓现实的道路。要保持心理稳定，不可大喜大悲。"笑一笑十年少，愁一愁白了头"，"君子坦荡荡，小人长戚戚"，要心宽，凡事想得开，要使自己的主观思想不断适应客观发展的现实。不要企图让客观事物纳入自己的主观思维轨道，那不但是不可能的，而且极易诱发焦虑、忧郁、怨恨、悲伤、愤怒等消极情绪。要注意"制怒"，不要轻易发脾气。

2. 自我反省

有些神经性焦虑是由于患者对某些情绪体验或欲望进行压抑，压抑到无意识中去了，但它并没有消失，仍潜伏于无意识中，因此便产生了病症。发病时你只知道痛苦焦虑，而不知其因。在此种情况下，你必须进行自我反省，把潜意识中引起痛苦的事情诉说出来。必要时可以发泄，发泄后症状一般可消失。

3. 自我疏导

轻微焦虑的消除，主要是依靠个人。当出现焦虑时，首先要意识到这是焦虑心理，要正视它，不要用自认为合理的其他理由来掩饰它的存在。其次要树立起消除焦虑心理的信心，充分调动主观能动性，运用注意力转移的原理，及时消除焦虑。当你的注意力转移到新的事物上去时，心理上产生的新的体验有可能驱逐和取代焦虑心理，这是一种人们常用的方法。

4. 不妨放声大喊

在公共场所，这方法或许不宜，但当你在某些地方，例如私人办公室或自己的车内，放声大喊是发泄情绪的好方法。不论是大吼或尖叫，都可适时地宣泄焦躁。

急救疗法A：转移注意力

下面是一种简单有效的控制焦虑发作的方法，包括四个步骤。

步骤一，叫停

一旦你感到有某种身体的不适（比如心跳加快、头晕），同时有某种不祥的预感时，立刻说“停止”。如果你曾经发作过焦虑症或正处于焦虑症发作时期，可以在手腕上套一个橡皮圈，在你说停止时，拉一下橡皮圈弹自己的手腕，给自己以提示。

步骤二，找原因

想想长时间坐着突然站起时，头晕是正常的，并不是什么不祥的预兆。但是由于控制不了灾难性的想法，焦虑症就容易爆发。每个人都会有头晕、心跳加快、胸闷的时候，那只是正常的生理反应。在这些反应发生时，先找到原因。想想：“我干了些什么？”（一直坐着又站起，所以会头晕。）“今天天气怎么样？”（天气预报说气压很低，所以感到胸闷。）“我昨晚休息得好吗？”（整晚没睡，所以很疲劳。）找到原因，就可控制焦虑的发作。

步骤三，转移注意力

转移注意力就是把注意力集中在与你目前的感觉无关的事情上，使自己无暇进行灾难性的推测。调动你所有的感官去注意周围环境：假设你走在一个广场上，你感到隐隐的不安，这时你可以马上去注意广场周围有什么建筑？这些建筑有什么特点？你以前进去过吗？假设你正参加一个集会，不祥之感袭来，你可以马上观察你旁边的人或是某个主持人在说什么、干什么。

急救疗法B：肌肉放松法

在生理上，焦虑是与肌肉紧张相关联的。如果你使自己的肌肉得以放松，那么躯体的放松也会令精神有所放松，焦虑则无处立足了。

共分以下四步：

第一步，要使肌肉放松，先须让肌肉处于过度紧张状态。先是躯干：头部下缩，双眼微合，双肩上耸，如缩头乌龟状，感到很紧张后，放松头及双肩，然后将头慢慢按逆时针转动八圈，再按顺时针转动八圈。你做完这些动作以后，须静静地躺在床上。

第二步，也是先紧张后放松。这次是腿：将右脚绷直抬高，脚尖绷紧直到不能坚持，然后完全放松地让脚落在床上。接着抬起左脚进行与右脚相同的练习。切记要把全部注意力都集中在绷紧的那条腿上，想象从足尖到髋部都非常紧张，这样才有可能达到肌肉放松。

第三步，同上，这次是手臂：右手上举，握紧拳头，绷紧手臂肌肉，同时集中注意力想象手臂非常紧张，当感觉很累的时候，让手完全放松地落在床上。然后左手也做同样的练习。

第四步，眼睛的放松：在左臂放下后，双眼仍保持微合，想象头顶的天花板上有个圆圈，直径大约四米。想象着视线按顺时针方向绕圆圈转八圈，然后按逆时针方向转八圈，要慢慢地转动。完成以后，再想象一个边长大约为四米的正方形，同样顺着它的边做一遍。

完成以上步骤后，你什么也不要想，只是静静地躺着，体会运动过后的那种松弛、宁静的感觉。这种放松的方法是很有效的，但需在安静场合进行，要应急是不管用的。

急救疗法C：控制呼吸法

焦虑症发作时病人呼吸急促，这会导致二氧化碳减少，进一步加剧身体症状，如头晕、四肢刺痛。对于没有进行过呼吸训练的病人来说，简单的方法是用双手将一个没有漏洞的纸袋（不能用塑料袋）紧紧地套在自己的鼻子和嘴上，做深呼吸十次。

用下面的“控制呼吸法”呼吸，不仅有“急救”的作用，还能够降低你总的焦虑水平。这需要平时的训练。方法如下：

1．腹式呼吸

保持坐姿，身体后靠，不要驼背，五指并拢，双掌放于肚脐上。把你的肺想象成一个气球，用鼻子长长地吸一口气，把气球充满气，保持两秒钟。

这时你看到你的手被“顶起”。再用嘴呼气，给气球“放气”，看你的手是否在慢慢回落。

2. 慢呼吸

学会腹式呼吸后，开始学计时，不让呼吸变快。你要用四秒的时间吸气，再用四秒的时间呼气。

急救疗法D：一时放松法

这是一种应急的方法。

一旦你感到焦虑，可按以下三步去做：

第一步，深深地吸一口气，然后迅速吐出。这个过程能使肌肉很快地放松。

第二步，不断暗示自己“放松、放松”。

第三步，把注意力集中在有趣的事物上停留几分钟。

完成这三步之后，可返回引起焦虑的问题，如果仍然感到焦虑，再重复这三个放松步骤，直到焦虑缓解。这个方法十分简单，无论是在假想情景还是实际情景中，都可以多次重复练习。

急救疗法E：认知重构法

认知重构法实际上是一种焦虑症综合疗法，分以下三个步骤：

第一步，改变态度。焦虑症患者不敢直面人生，把世界想象得过分危险可怕。因此，首先应该做到的就是改变生活的态度。焦虑症患者惯常的态度可能是这样的：

“时光飞逝如电，我离死亡越来越近。”

“命运决定一切，我放弃自由选择的权利。”

“世上人心险恶，我注定是孤立无援的。”

……

这些态度都过分消极悲观，如果不从根本上加以改变，焦虑症便无法根治。你应将原有的消极态度变为积极态度。例如：

“时光飞逝如电，我要珍惜现在的一分一秒。”

“命运无法知晓，我有权自由选择我的生活。”

“世上人心不易沟通，只要心诚定会得到帮助。”

……

你把这些改变后的积极态度记下来，作为座右铭，经常读一读，进行自我强化。

第二步，挖掘病因。采用前述自我精神分析法挖掘焦虑的病因。认识到病因后，你必须正视它，然后努力用言语表达出来。这个小小的技巧实际上是使焦虑症的潜意识冲动上升到意识的层次上，然后进行有意识的控制。

第三步，矫正行为。采用模仿、强化、幽默、自我建设性暗示等方法对焦虑进行行为矫正。

模仿的主要对象是你生活中的强者。你如果很容易焦虑，那么和一个幽默、潇洒的人在一起，无形中你会受他言行的感染。你还可以模仿强者的为人处世方式，甚至可以向他们取经，了解他们战胜焦虑的诀窍。其实，世上人人都有焦虑的体验，只是有人战胜了焦虑，有人却成了焦虑的奴隶。

强化则是对你的积极性行为进行自我鼓励，或寻求他人的鼓励。自我强

化主要应从自我建设性暗示入手。过去焦虑时，你不正确的行为反应使焦虑得到了强化。例如：

“我太痛苦了，我要死了。”

“这个工作我一定会失败的，毫无希望。”

现在你应采用建设性暗示有效地抑制焦虑。

“我现在确实很痛苦，但解决困难都得有这么一个过程，应努力调整自己，战胜困难。”

“这个工作可能失败，但失败是成功之母，何况并非没有一丝成功的希望。”

……

原来的不良自我暗示往往是无意识的，而现在的良性暗示则是有意识的，富有建设性的。这样的建设性暗示还有许多，你应将它们写出来、记住并不时提醒自己。它们能非常有效地提醒你采用有效措施，减弱焦虑。

急救疗法F：简单高效的自然疗法

除了以上所讲的一些治疗焦虑症的方法外，还有几种治疗焦虑症的自然疗法。

1. 按摩

大部分人在处于焦虑时，会发生某部位肌肉紧绷的现象。这有点类似恶性循环：焦虑产生肾上腺素，使肌肉紧缩，结果导致更多肾上腺素生成，使肌肉更收缩。改变之道是找出受害的肌肉——通常是颈背肌肉及上半部背肌，然后按摩数分钟，按摩太阳穴也可纾解疼痛及治疗各种疾病（间接地）。按摩太阳穴里的神经，将松弛其他部位的肌肉——主要是颈部。

2. 听音乐

音乐是对抗焦虑的好帮手。它不仅使肌肉松弛，也使精神放松、心情愉悦，使你积聚的压力得到释放。

3. 芳香疗法

芳香疗法被认为对治疗焦虑症很有效。试用薰衣草、茉莉或蓝菊油，在织物上滴上1～2滴，然后吸入或将这些油放入蒸气吸入器或蒸气浴缸中。也可以涂一滴在太阳穴处。

4. 指压疗法

按压位于手腕内侧正对小指皱褶处的神门穴位，可能对焦虑所致的睡眠障碍有益。紧压拇指和食指间部位一分钟。然后重复另一只手。

按压穴位，有助于镇静和减少忧虑。将拇指放在你的手腕内侧，距腕部皱褶两指宽的前臂两骨中间处。紧压一分钟，重复3～5次，然后重复另一臂。

急救疗法G：走出职业焦虑的陷阱

对于职场人士来说，焦虑性神经症的治疗主要是以心理治疗为主，可以适当配合药物进行综合治疗。白领们不妨按以下几种方法进行自我治疗。

1. 增加自信

自信是治愈神经性焦虑的必要前提。一些对自己没有自信心的人，对自己完成和应付事物的能力是怀疑的，容易夸大自己失败的可能性，从而忧虑、紧张和恐惧。

因此，作为一个职场神经性焦虑症患者，你必须增加自信，减少自卑

感。应该相信自己每增加一份自信，焦虑程度就会降低一点。恢复自信，也就是最终驱逐焦虑。

2. 自我松弛

自我松弛也就是从紧张情绪中解脱出来。比如：不妨找把舒适的椅子坐，将办公桌整理干净，别让乱糟糟的桌面影响你的情绪；下班后散散步，别把工作上的烦恼带回家。

3. 自我反省

有些神经性焦虑是由于患者对某些情绪体验或欲望进行压抑，压抑到无意识中去了，但它并没有消失，仍潜伏于无意识中，因此便产生了病症。发病时你只知道痛苦焦虑，而不知其因。因此在此种情况下，你必须进行自我反省，把潜意识中引起痛苦的事情诉说出来。必要时可以发泄，发泄后症状一般可消失。

4. 自我催眠

职业焦虑者大多数有睡眠障碍，很难入睡或突然从梦中惊醒，此时你可以进行自我暗示催眠。如：可以数数来帮助自己入睡。

急救疗法H：饮食治疗不可少

患有焦虑症的患者，饮食上应有所注意。建议以清淡、易消化的食物为主，进食后不要马上休息。对于腹胀、便秘者，也可以服用助消化和通便的药物。

饮食宜忌：饮食相当重要，避免可乐、油炸食物、垃圾食物、糖、白面粉制品、洋芋片等易刺激身体的食品。饮食需50%～75%的生菜。三周内勿食乳品，之后，陆续加入饮食中，并观察是否有什么不适症状。

酒精、药物可能提供暂时的解脱，但隔天紧张又来袭，而且这些物质本身也残害健康。因此，应该学习如何调适，而不是光靠逃避。在身心面临紧张及焦虑的迫害时，很重要的一点是饮食适宜。除了避开咖啡因及酒精，还需远离糖、白面粉制品、腌肉、辛辣刺激的调味料等。勿吃垃圾食物。正确的饮食将强化身体，使免疫系统及神经系统状况俱佳。

保健药膳：枣麦粥。枣仁30克，小麦30～60克，粳米100克，大枣6枚。将枣仁、小麦、大枣洗净，加水煮沸，取汁去渣，加入粳米同煮成粥。每日2～3次，温热食。功效：养心安神。适用于妇女烦躁、神志不宁、精神恍惚、多呵欠、喜悲伤欲哭，及心悸、失眠、自汗。

一般对有消化道症状的患者来说，应该合理安排生活，防止暴饮暴食或进食无规律，以免增加胃肠道负担，加重症状。对有心脏病症状的患者来说，则应远离有刺激性的烟酒、浓茶、咖啡、辛辣食物等，因为它们能引起交感神经兴奋、心跳加速、心脏早搏等，使已有的症状更突出。

案例急诊室

某化工厂的一位高级职员，32岁，未婚。他常常不满意他的生活状态。他偶尔会觉得眼前发昏，身体虚弱，性格不稳定，已持续五六年之久。没有一次病理检验使他满意。后来，他常常紧张、容易动怒、不能松懈、失眠、做噩梦。他不断地勉强自己参加各种活动，但是每次他所获得的经验是痛苦和病态的加重。他开始借助饮酒去稳定不安的情绪，只有这样才可入睡。他到心理治疗的前几天，会穿戴整齐，准备出门，但发现身体不太自然，有如昏迷的状态。他躺上床后，心跳、呼吸不自然，觉得格外的虚弱。他喝了几杯酒并吃了几粒安眠药熟睡了。

心理急救箱

症状：这位职员患的是慢性焦虑的病态，又偶尔产生急性焦虑病症。

处方：职员应该保持一颗平常心，安于生活现状，放低目标，不要对生活有过高的要求，戒酒，生活规律化。

测试：你有焦虑倾向吗

下面从五个方面列举二十种信号，每种可以分为五个等级："没有""几乎没有""有时""经常"和"总是"，分别给予0、1、2、3和4分。

状态描述		没有	几乎没有	有时	经常	总是
活动方面	1.完全失去对社交活动的爱好和兴趣，觉得它们似乎太耗精力。 2.对空闲时间自己该做什么，一点也没有底。 3.经常去做一些难以完成的事情。 4.因为要做的事情太多，感到不知所措和失控。					
感觉方面	1.感觉一天当中很少有自己的时间。 2.感到不被家人赏识。 3.时常有一种莫名奇妙的不满和气愤。 4.经常在寻求别人的恭维和夸奖。					

续　表

状态描述		没有	几乎没有	有时	经常	总是
胃口方面	1.紧张或焦虑使自己不思茶饭。 2.靠吸烟或喝咖啡来支持自己。 3.想用巧克力和其他糖类来应付焦虑。 4.有恶心、腹痛或腹泻的症状。					
睡眠方面	1.经常失眠。 2.睡了整整一夜，但是仍然感到没有休息好。 3.在晚上，不想睡觉的时候睡着了。 4.需要长时间的午睡。					
观念方面	1.失去了幽默感。 2.情绪急躁易怒。 3.对未来很悲观。 4.觉得自己麻木，无动于衷。					

【测验结果分析】

本测验的答案没有对错之分，只是在看你的倾向。

如果总分为1～20分，表明存在焦虑；21～40分，有轻微的焦虑；41～60分，表示焦虑属于中等，应该设法放松；61～80分，提醒你处于极大的焦虑中，必须对生活加以重新调整。

第3章

忧郁：忧心忡忡为哪般

生活中，时不时地我们总会看见这样的人，他们总是忧心忡忡，总是多愁善感，他们总是唉声叹气，他们总是眉头紧锁，他们的脸上总是乌云密布。这些人无一例外，都忧郁了。忧郁是一种心理状态，也是一种惯性的思考方式，是一种悲观的看法，这种看法可以破坏欢乐，并毁掉幸福感。

关键词

抑郁　忧愁　忧虑重重　自怨自艾　忧心忡忡　心境低落　无精打采　厌恶　痛苦　情绪低落　消极厌世　愤世嫉俗　杞人忧天　消极悲观　灰色情结　妄想　多愁善感

精神上的“流行感冒”

忧郁是以情感低落、哭泣、悲伤、失望、活动能力减退，以及思维、认知功能迟缓等为主要特征的一类心理疾病，是一组以显著的心境低落为主要特征的精神障碍，常伴有相应的思维和行为改变。

在人的一生中，有三个时期较易得忧郁症，即青春期的后段、中年及退休后，老年人也较常出现忧郁症。忧郁的类型有两种：一种是由于精神上受到打击而出现的过度反应；另一种并没有特别的原因。

忧郁症在西方社会被称为“精神上的流行性感冒”，其传播范围之广，受其影响之容易，可以从“流感”二字看得出来。根据世界卫生组织统计，全世界有5%的人口患有忧郁症，其中自杀率高达12%~14%，位居各类心理和精神障碍之首，号称“第一心理杀手”。忧郁患者有痛苦的内心体验，是“世界上最消极悲伤的人”。

在东方社会，忧郁症也并不少见，尤其是中国人，性格内向，往往真实思想不愿暴露，宁愿被忧郁情绪折磨，也不愿向精神病专家进行心理咨询。如此发展下去，可由忧郁情绪跨入忧郁症患者的行列，有的人便以自杀了结。

每个人都会有不快乐和心情不好的时候。忧郁是人们常见的情绪困扰，是一种感到无力应付外界压力而产生的消极情绪，常常伴有厌恶、痛苦、羞愧、自卑等情绪。它不分性别年龄，是大部分人都有的经验。对大多数人来说，忧郁只是偶尔出现，历时很短，时过境迁，很快就会消失。但对有些人来说，则会经常地、迅速地陷入忧郁的状态而不能自拔。当忧郁一直持续下去，愈来愈严重以致无法过正常的日子，会出现严重的忧郁症。

幸福的人生需要摆脱忧郁的情绪，拨开压在心头的那片阴云，拥有一颗快乐平和的心。

忧郁症的患病原因

忧郁症起因于脑部管制情绪的区域受干扰。大部分人都能处理日常的情绪紧张，但是当此压力太大，超过其调整机能所能应付的范畴时，忧郁症可能由此而生。

一个人情绪低落、轻度忧郁或者患上忧郁症，原因是多方面的。一般说来，生活紧张、胃不舒服、头痛以及任何严重的身体伤害等都有可能引起一段特定时间的情绪忧郁。对于那些真正意义上的忧郁症患者来说，患病的原因通常有以下几种情况。

1. 遗传基因

忧郁症跟家族病史有密切的关系。研究显示，父母其中一人得忧郁症，子女得病概率为25%；若双亲都是忧郁症病人，子女患病率提高至50%～75%。

2. 环境诱因

令人感到有压力的生活事件及失落感也可能诱发忧郁症，如丧偶（尤其老年丧偶，几乎八九成的人会得此病）、离婚、丢掉工作、财务危机、失去健康等。

3. 药物因素

对一些人而言，长期使用某些药物（如一些高血压药、治疗关节炎或帕金森症的药）会造成忧郁症状。

4. 疾病

罹患慢性疾病如心脏病、中风、糖尿病、癌症与阿兹海默症的病人，得忧郁症的概率较高。甲状腺机能亢进，即使是轻微的情况，也可能会患上忧郁症。忧郁症也可能是严重疾病的前兆，如胰脏癌、脑瘤、帕金森症、阿兹海默症等。

5. 个性

自卑、自责、悲观等，都较易患上忧郁症。

6. 抽烟、酗酒与滥用药物

过去，研究人员认为忧郁症患者借助酒精、尼古丁与药物来舒缓忧郁情绪。但新的研究结果显示，使用这些东西实际上会引发忧郁症及焦虑症。

7. 饮食

缺乏叶酸与维生素B12能引起忧郁症状。

忧郁的心态问题

一般而言，导致忧郁主要是性格原因。所以我们首先要做的事就是改变自己看问题的方式，调整自己的心态。

造成这种心理和情绪上的不良状态，主要与八种心态有关。

1. 走极端

这种现象表现为运用非此即彼的方式思考问题，不是白就是黑。这种人一遇挫折便有彻底失败的感觉，进而觉得自身已不具任何价值，失去自信。

2. 以偏概全

认为事情只要发生一次，就会不断重现。生活中遇到困难与不幸，即认为困难、不幸会重复出现。一次恋爱失败，就认为以后也不会找到真心的爱人。

3. 消极思维

有的人遇事总想消极的一面，就像戴了一副变色镜看问题，滤掉了所有的光明，整个世界看起来暗淡无光，都是灰色的。他们常常用一个忧郁的假设支配着自己的思想，对事物只抓住它的消极部分，并牢牢记住。

4. 敏感多疑

有些人无事生非，终日担心自己将大病临头，遇事往往自我断论，主观猜疑，杞人忧天。

5. 自卑心理

有些人总习惯用悲观、消极、绝望的观点看问题，不自觉地具有自卑心理，在自卑的指引下，认为自己处处不如别人。例如当看见别人取得某种成功，就会想“人家有本事，我不能跟人家比”。如果自己遇到挫折，不去从根本上找原因，而是想“我的运气本来就不好”，毫无根据地自怨自艾或愤世嫉俗，导致本来松弛的情绪变得紧张。

6. 自我评价过低

有的人把一般性过失、欠缺、挫折和困难看得过于严重，似乎做了不可逆转的错事。生活中总是过分夸大自己的不足和过低估计自身的长处，做事时常常灰心大于信心。

7. 扩大推理

有的人把自己的不良感觉当成事实的证据。如：“我有负罪感，那么我一定是干了什么坏事。”“我觉得力不从心，那么我一定是‘低能儿’。”对失败则认为：“早知道结果会是这样，又一次证明了我的无能。”尤其情绪低沉时，这种感觉推理特别活跃。

8. 自责自罪

有的人总是主动承担别人的责任，并且妄下结论，认为一切坏的结果都是自己的过失和无能所致。比如有些无意中的过失，别人并没有计较，或者早已忘掉了，他们却还会忧心忡忡，担心别人对他们有看法、有成见。这些人过分注意别人脸色，以至遇事束手无策，不敢行事，或者自暴自弃，不能有所进取。此种变形的自卑、内疚心理，来源于人格的变形和过分的责任感及义务感。

以上的错误认知，导致了许多人陷入忧郁困境而不能自拔。

再有就是生活中的一些事件、挫折也会导致忧郁，比如患了重病、顽疾，家庭出现了大的纠纷，工作、事业遭到了重大失败等等。

忧郁症患者的行为表现

有些忧郁症患者倾向于退居人群之外，他们对周遭的事物失去兴趣，因而无法体验各种快乐。对他们而言，每件事物都显得晦暗，时间也变得特别难熬。通常，他们脾气暴躁，而且，常试着用睡眠来驱走忧郁或烦闷，或者他们会随处坐卧、无所事事。大部分人所患的忧郁症并不严重，他们仍和正常人一样从事各种活动，只是能力较差，动作较慢。

除出现忧郁外，忧郁症患者尚有身体上的变化，常见的症状有：

· 在吃、睡及性方面会失去兴趣或出现困难。

· 对外在事物漠不关心。

· 消化不良、便秘及头痛。

· 与现实脱节。

· 无故而发的罪恶感及无用感。

· 幻想。

· 退缩。

忧郁症还可以引起显著的精神方面的症状，主要包括：

· 严重头痛。

· 胃痛或恶心。

· 呼吸问题。

· 慢性颈痛、背痛。

很多时候，忧郁症的一些轻微病症，如疲劳、失眠、肠胃不适、持续的头痛及背痛等等可能被误解为其他疾病。

此外，忧郁症的症状还包括慢性疲劳症候群，失眠或经常睡觉且睡眠时间过长、失去食欲，结肠毛病，便秘或腹泻。

忧郁症患者说话少且音调低、速度慢，动作少且慢、严重时僵呆，但有时出现急躁行为，甚或自杀行为。

患者常常会感到人生空虚和毫无意义，许多患者甚至会想到以死来求取解脱。

忧郁症的十大典型症状

忧郁症主要表现为情绪低落、思维迟缓、兴趣索然、精力丧失、自我评价过低，因而导致生活能力减弱和职业能力减低、工作效率下降。具体来说，表现为以下十大症状。

1. 仪表

这种病人的仪表颇具特色，他们往往衣着随便，不知梳洗，给人一派颓废潦倒的印象。面容愁苦，甚至两眸凝含泪珠，如若稍启诱，便泪如雨下。动作减少，甚至端坐半晌而姿势不变，有的人从外表上看不出明显的悲哀忧郁，有的甚至完全难以觉察。有的强颜欢笑，但从其眉间还会不时流露出一丝愁情哀意，明眼人不难看出患者内心的悲痛。

2. 精神运动性迟缓

这种病人的行动显得迟缓（激越型者例外），往往很少有自发动作，严重者甚至端坐一隅，纹丝不动，思维过程也很缓慢，以致影响言语速度，若与之交谈常数问一答，答前有长时间沉默，使多数人心焦难忍。

3. 忧郁心境

是忧郁障碍的特征性症状，如情绪低沉、感情灰暗、忧心忡忡、心烦意乱、苦恼忧伤、悲观绝望、丧失兴趣，觉得生活没意思，打不起精神，大有度日如年、生不如死之感，为了掩饰自己有时还要强装笑容。忧郁心境呈现昼重夜轻的节律变化，这是忧郁症，特别是内源性忧郁症的典型症状。病人一般在早晨忧郁情绪最明显，自杀、自伤行为也多在这段时间发生，午后情绪渐渐好转，傍晚情绪可以恢复到正常，上床后又陷入了困境。这种情绪上的变化，可能与5-羟色胺分泌的昼夜节律有关。

4. 悲观思想

大体分为三种：

· 想到当前，病人似乎戴上了“灰色眼镜”，对任何事情只是看到消极的一面，对生活毫无自信可言，觉得自己是社会的累赘。

· 考虑将来，所想的均为最坏的前景，自己必然一败涂地，感到孤立无援，似乎到了生活的尽头。死亡则为解脱，有的病人出现自杀企图，甚至做出自杀的周密计划。

·反省过去，为了一些小事而自责自罪、夸大罪孽。大多数病人的悲观情绪与想法归结到一点就是自我责备，但也有些病例同时还会责怪他人，甚至有的人会怨天尤人，故不能就此否定忧郁症的可能。

5. 焦虑、激惹与激越

焦虑很常见，有的病人易被激惹，往往为小事激动。激越是指坐立不安，病人自己体验到精神紧张、焦虑不安、难以自控。旁观者看显得手脚无措、坐立不安，重者无法静坐。

6. 兴趣丧失

几乎每个病例都有此病状。他们对以往的日常生活和学习工作以及业余爱好变得兴趣索然，觉得任何事情对自己都无意义。

7. 精力减退

主观感觉精力不足、疲乏无力，总觉得力不从心，对做任何事情都显得十分被动。缺乏积极性和主动性，给人以无精打采、精疲力竭、精神崩溃之感。

8. 生物学症状

·睡眠障碍：主要为中、后期失眠，也可见入睡困难和恶梦，最具特征的是早醒，一般比平时提早2～3小时醒来，醒后再也难以入眠；胃肠功能减弱；食欲减退、口干无味、消化不良、呃逆反酸、便秘、体重减轻；个别病人也有贪食现象。

·性功能障碍：性欲减退、阳痿、性感缺失、闭经。

忧郁情绪可涉及其他各内脏器官，并出现相应的躯体不适症状。

9. 忧郁妄想

在严重忧郁状态下出现的妄想，主要有自罪妄想、贫穷妄想、疑病妄想、虚无妄想、嫉妒妄想等。

10. 木僵

轻度木僵病人的言语、动作和行为显著减少、缓慢，举止笨拙。严重木僵病人运动完全抑制，不语不动、不吃不喝，往往长时间保持一个固定不变的姿势。忧郁症病人多为忧郁性木僵和心因性木僵。

哪些人易患忧郁症

以下人群易患忧郁症：

· 认真的人，喜欢照顾别人的人，事业上有贡献的优秀者。

· 工作紧张、繁忙的人。

· 人际关系不良，缺乏亲密可信的亲友。

· 对自己、对过去和未来持消极看法者易患忧郁症。

· 在社会最高阶层和最低阶层中最常见。

· 家中有三个或三个以上的14岁以下孩子的父母。

· 女性患者是男性患者的两倍。但是重度及复发者男女相似。

· 女性随年龄变化，35～45岁年龄组发病率最高。

· 男性发病率随年龄增加而增长。

· 已婚者比单身者（青少年除外）低。

· 少数病人患季节性忧郁症，冬季里发病。更少数忧郁症在夏季复发。

· 长期存在生活困难者。

· 生活环境有改变者易患忧郁症。包括与亲人生死离别，丧失心理体验者，事业和生活失败受挫者，或其他生活环境有改变者。

忧郁症是可以治愈的

忧郁症虽然是一种较为严重的心理疾病，但并不可怕，是完全可以战胜的，首要的一步是对它有个正确的认识和对待。

1. 忧郁症是每个人都可能得的心理疾病

它不能说明你心胸狭窄，也不能说明你品质低劣或意志薄弱。总之，忧郁症与感冒没有任何区别。它只是一种普通的疾病。中国人心理健康的观念比较淡薄，对健康的认识基本上还停留在生理健康的层次。这种状况应该被逐渐打破。所以，如果你或你的亲人得了忧郁症，千万不要感到见不得人或低人一等，仿佛做了什么亏心事一般。从某种意义上说，得忧郁症可能说明你是优秀的。天才总是要忧郁的。

2. 忧郁症是可以治好的

这一点非常重要，因为忧郁症患者由于戴上了有色眼镜，常常悲观绝望，甚至企图杀死自己。其实，这是不理性状态下的不理性想法，所有治好的人回头想想自己原来的感觉，都会觉得好笑。

3. 忧郁症与精神分裂是两码事

忧郁症是可以治好的，而精神分裂基本上很难治愈，且会复发。忧郁症也不会发展为精神分裂。你忧郁了，说明不是精神分裂的素质。这其实是一个好的信号，这辈子你想精神分裂都分裂不了。

4. 忧郁症对你的发展很可能是件好事

它让你陷入反思和内省，治愈后你可能会达到比以前更高的层次。所以，如果你忧郁了，不要认为自己是不幸的。塞翁失马，安知非福。

如果你忧郁了，就告诉自己，我的情绪感冒了，我的情绪现在正在发烧，还会打喷嚏，现在很痛苦，但只要正确对待，并通过心理疗法、饮食疗法等各种手段治疗，是完全可以康复的。

我们的心情应该是彩色的

人们往往习惯用颜色来形容心情，形容感觉，就像绿色代表活力，红色代表热烈，紫色代表浪漫神秘，而灰色则被很多人强迫性地变成了忧郁的代言。

灰色之所以成了忧郁的代言，完全是人们牵强附会的结果。在有的人眼里，灰色是冷色调，看到灰色，人们会感到一种冷，一种透彻心底的冷，这就像忧郁也是一种让人透彻心底的冷，由此推论，灰色就是一种忧郁。

其实，如果说心情真的有颜色，那也是人们的心态不同的原因。如果心态乐观，那么即使是看到落叶，也能感受它的悲壮和来年的新生；看到枯草，也能感知它的繁茂和顽强；看到死亡，也能了解它的释然和解脱。如果心态悲观，即使看到嫩芽，也会感觉到它的渺小和脆弱，而不会因此联想到一种希望；看到小草，会不屑于它的平凡和单调，而不会联想到一种顽强；看到新生，也会提前预支它的泯灭和死亡，而不会联想到一种力量。

在不同的心态下，即使同样的颜色，也会有不同的感受。高兴时，红色是一种鲜艳、欢快，生气时，红色就是一种扎眼、闹心；高兴时，绿色是一种希望、活力，生气时，绿色就是一种惨淡、呆板；高兴时，紫色是一种浪漫、神秘，生气时，紫色就是妖艳、奢靡；高兴时，灰色是一种沉静、旷达，生气时，灰色就是一种冰冷、忧郁……

当然，不可否认，不同的颜色确实会给人带来不同的心理反应。

有人做过一个实验：把一些箱子外表漆成不同颜色让工人搬运。结果，工人反映黑色的箱子最沉重。其实，箱子的重量是一样的，不一样的是箱子的颜色，是箱子的颜色带给人不一样的心情。

英国的一项最新研究显示，尽管长期以来人们认为灰色和消极因素有关，但这种颜色可能增强自信心，减轻压力并使人感到更愉快。灰色的好处不止这些，它还能让人的思维更敏捷。

人的心情就是一个色谱，既要会识色，也要会配色。我们可以利用人们对不同颜色的反应来给自己的心情加一些颜色，让单调的生活变得丰富多彩一些。

预防忧郁症的发生

忧郁症使人觉得疲累、无力、人生没有意义、绝望，甚至会想要放弃生命。但是，这些负面的想法只是疾病的一部分，它会随着治疗和效果消失，如果你想要尽快脱离或避免加入忧郁症的行列，请牢记以下各大要点：

· 不要做重大的决定，例如转行、转业或离婚，专家建议把重大的决定延到忧郁症的病情改善为止。

· 不要期望忧郁症会突然变好，这种情况很少见。尽量帮助自己、宽待自己，不要因为未能达到水准以上的表现而责备自己。

· 切记不要接受负面的想法，它只是病情的一部分，而且会随着治疗而消失。

· 如果出现轻微的忧郁，休个假、享受自己的嗜好、从事剧烈运动或宗教活动，通常可以得到改善。

· 当你自己觉得忧郁的现象日趋严重时，不必害臊，要立刻去找心理医

生或精神科医生。

· 愈早治疗，效果愈好。

· 要慎防自杀或杀人的举动。

忧郁症无孔不入，男女老少都有患上忧郁症的可能，如不及早治疗，忧郁症可能会严重影响病患者的身体健康、与家人及朋友的关系，不能正常工作，甚至有自杀的危险。所以，密切留意自己和家人朋友的情绪，有效掌握忧郁症的资讯，不要让它轻易入侵我们的生活。

急救疗法A：自我调节，改善心境

忧郁是一种很常见的心理障碍，长期忧郁会使人的身心受到损害，使人无法正常地工作、学习和生活，但也不需要过分担心。经过妥当的调适后，大多数人都可以恢复正常、快乐的生活。

忧郁者要想消除忧郁情绪，首先应该停止对自身及周围世界的埋怨，明确自己的认知错误来源于以感觉作依据来思考问题。因为感觉不等于事实。每当你忧郁时，切记以下几个关键步骤：

第一步，记录。

瞄准那些自然消极的想法，并把它们记下来，别让它们占据你的大脑。

第二步，反思。

读一遍本文提及的几种认知扭曲的模式，准确地找出你是怎样曲解事实的，一定要击中要害。

第三步，改变思维方式，调整心态。

用更为客观的想法取代扭曲的认知，彻底驳斥那些让你自己瞧不起自己、自寻烦恼的谬论。一旦开始这些步骤，你就会感到精神振奋，自尊心增强，无价值感就会烟消云散。

要客观评价自己和他人——不妄自尊大，更不妄自菲薄，看清自己的长处，建立自尊，增强自信。不盲目地把自己同别人做比较，不管别人是否比你得到更多的好处，你都不要在意，重要的是自己的感觉。常以积极健康的心态鼓励自己，从中体验到更多的成功和快乐。

要看到事物的光明面——不把事物看成是非黑即白，遇到不愉快的事，要从好处和积极方面着想，以微笑面对痛苦，以乐观战胜困难。

转换不愉快的记忆画面——人的头脑对画面的记忆远胜于文字及言语。为什么过得不快乐？是因为脑海中有不愉快的画面。所以，修改脑中画面，创造活力，就是决定我们幸福人生的关键。一些不愉快的画面，你可以重新定义，发掘里面的主角配角的种种可笑虚伪之处，重新的诠释定义，有助于情绪的转换。

急救疗法B：量力而行定目标

很多人都给定下过高的人生目标，一旦目标难以实现，他们便变得意志消沉，心灰意冷，郁郁寡欢，从而导致忧郁症。因此，目标一定要合理，要依据自身的情况量力而行制订。

·不要定下难以达成的目标或承担太多的责任。

·把巨大的任务区分成好几个小项目，分优先顺序，尽力而为。

·不要对自己期望太高，这将会增加挫折感。

有位因车祸而致残的年轻人问心理学家：“你认为我还有前途吗？”心理学家回答道：“如果你想当个跳高运动员的话，那是没有前途了；如果你想做个有作为的人的话，那就还大有前途。”

就这位不幸的年轻人而言，他合理的生活目标，已经在意外中突然改变了。如果他以当运动员为生活目标的话，那他一定会非常忧虑，因为他再也不能像正常人那样运动了。所以对这样的人而言，重新建立合理的生活目标，找一个适合自己而又喜欢的工作，会增加对自身能力的信心，会因看到希望和前途而重新振作起来。

不要勉为其难，不要孤注一掷，按既定的目标，循序渐进地努力。世上没有一帆风顺的事情。每个人都会遇到诸如工作进展不顺，或夫妻关系发生矛盾，或个人爱好得不到满足等各种问题。因此如果将所有的自尊心都绑在生活的某一件事情上，你肯定会变得非常脆弱。回顾一下你的忧郁历史，它是不是与你生活中的某一个方面的进展情况紧密相连？比方说，当工作不顺利的时候你是不是就情绪低落？如果你的忧郁过程确实与你生活中某一个方面有密切的关系，就表明你很可能是孤注一掷了。

急救疗法C：扩大人际交往，学会倾诉

忧郁的人周遭大部分都是忧郁者，而乐观的人身边亦多为乐观者，因此要想改变命运，你必须要和乐观者学习。不要拘泥于自我这个小天地，应该置身于集体之中，多与人沟通，多交朋友，尤其多和精力充沛、充满活力的人相处。这些洋溢着生命活力的人会使你更多地感受到事物的光明和美好。

建立可靠的人际关系。当发生不利事件时，有一个可以完全信赖的人，无论是亲戚、配偶或朋友，都是防止忧郁的最重要保证之一。如果你还没有这么一个亲密的、可以依靠的人际关系，你的朋友也不能向你提供能帮助你

防止忧郁的感情支持，你就应该想办法开始建立这样的支持关系。

要善于向知心朋友、家人诉说自己不愉快的事。当处于极其悲哀的痛苦中时，要学会哭泣。另外，多参加文体活动、写日记、写不寄出的信等等，都可以帮助消除心理紧张，避免过度忧郁。

急救疗法D：使生活有规律化

规律与安定的生活是忧郁症患者最需要的，早睡早起，按时起床、按时就寝、按时学习、按时锻炼等等有规律的活动会简化你的生活，使你有更多的精力去做别的事情，保持身心愉快。而多完成一件事，就会使人多一份成就感和价值感。

1. 注意睡眠、饮食

如果你睡眠不佳，食欲不振，听任自己处于不良的生理状态，你就很容易出现低落情绪，因为日常活动耗尽了你的精力，很快就会把你压垮。失眠是低落情绪的一种很普遍的后果，反过来它又很容易引发忧郁症。在忧郁症发作期间，你很难对失眠采取什么直接的对策，因为你需要集中精力对付忧郁症。因此在你情绪较好的时候，就应该养成良好的睡眠习惯。

有忧郁倾向者，不妨尝试摄取富含蛋白质和多糖类的食物，例如火鸡和鲑鱼，对提升精神状态会有所帮助。对于酒精饮料也要特别注意。对于易发忧郁症的人，这是一个很大的问题。酒精能暂时使你逃避问题和烦恼，但不能最终解决问题，会给你带来更深的忧郁。

2. 多接受阳光及运动

多接受阳光与运动对于忧郁症病人有有利的作用，多活动身体，可使心

情得到意想不到的放松，阳光中的紫外线可或多或少改善一个人的心情。运动能防止忧郁症的发作，有助于增强体力。它也能较快地提高情绪，短时间内缓解忧郁。

3. 寻找工作外的成功

寻找一些自己喜欢的消遣活动，培养业余爱好。把自己的爱好和业余活动当作本职工作一样认真对待，并同样引以为豪。这有利于拓宽视野，改善心情，排遣心中的不快，还可以陶冶情操，增进个人修养。

如今，许多人只把来自办公室的成绩看成真正的成功，结果导致这些人事业上得意时沾沾自喜，一旦工作遇到麻烦，就感到羞辱不堪。如果你能把自尊系于你的职业努力之外，那么工作中受挫时，就容易保持一种平衡的状态。

急救疗法E：将欢乐带入生活

忧郁常常导致自尊心的下降甚至自暴自弃。易感忧郁的人往往比较善良，体贴他人，是利他主义者，却往往过低评价自己，贬低自己，拒绝应得的欢乐。即使在情绪正常的时候，他们也总是觉得自己没有资格享受欢乐。他们总是把别人的需要放在第一位。有许多父母就是这样。他们把儿女的需要放在大大高于自己的需要之上，而不给自己留下一点点时间和空间。

即使你现在还不认为你有资格享受自己的欢乐，至少你也应该做你自己所喜欢的事情。无论工作怎么忙，你也必须找时间来让自己轻松一下，做一点你觉得能使自己高兴的事情。眼前的欢乐能帮助你预防未来的忧郁。将欢乐带进生活的确是建立良好心境的基本策略之一。

急救疗法F：明白—回答—行动

如果真的忧郁得比较严重了，一定要及时看心理医生。心理医生推荐的比较有疗效的办法是从“明白、回答、行动”三个方面着手进行调节。

1. 明白

你自己要明确并承认自己在精神上的忧郁，并时刻注意自己这种忧郁情绪的发展，注意自己的言行举止有无异常，身体感觉有无异常，思维有无变化等。

2. 回答

要学会每当自身发生一个变化或有异常反应时，及时地给予识别。最好能用笔记录下来，并为之寻找一些较为实际的解决方案，而这些方案还要在实践中进一步检验和修正。可以询问自己：“这会是真的吗？”然后再问自己：“如果从另一个层面，或另外一种角度该怎样看呢，结果又会怎样呢？”

3. 行动

有所行动，可避免忧郁情绪持续存在。比如在工作中不能得心应手，可以尝试修一门课程来提高自己的业务水平，或者尝试寻找新的工作。还可以计划一些其他的活动，使自己的生活变得丰富、充实，这样就可以有效避免忧郁情绪的蔓延。

总之，如果你已经感到了忧郁，那就尽力做点什么吧。“为所当为”有的时候可能会使人感到疲惫，但这种疲惫却可以有效消除忧郁，可以使你感到生活的美好，使你活得更充实，活得有活力。

没有好的心态，凡事看开点，不仅仅能平安度过坏运气，还能享受好运气。

案例急诊室

李某，女，17岁，高一学生。她是单亲家庭的独生女儿，个子高挑，五官秀丽，漂亮的外表深得人喜爱。该生在学校自觉遵守纪律，没有迟到、旷课等现象。上学、放学喜欢一个人独来独往，在教室往往也是一个人独自在座位上发呆，很少与同学交谈，上课经常开小差，心不在焉。平时遇到老师同学也不打招呼，老是想着回避他人的目光。总之，那副楚楚可怜的样子与她漂亮的外表极不相称。

小李的童年是幸福的。父亲是市桥电机厂的职工，母亲是幼儿园的老师，虽然经济上并不很富裕，但那种小康生活让一家人其乐融融，这时，聪明伶俐、活泼可爱的小李被父母视为掌上明珠。然而一场意外在小李读五年级的时候发生了，她的妈妈在一次交通事故中不幸身亡。这一打击犹如晴天霹雳，给年幼的小李带来重大的创伤。以后，小李变得郁郁寡欢，不愿与他人交往，越来越不合群。学习上也因忧郁孤独而使成绩一落千丈。随着后母的出现，小李这种情况更加变本加厉。

心理急救箱

症状：小李的症状是忧郁症较典型的表现，具体每一个病人来讲，症状可能有轻有重，但情绪低落是本病的核心症状。

处方：小李应该放下过去，走出不愉快的阴影，融入到集体中，以新的面貌迎接新的生活。应及早找专科医生诊治，以免贻误病情。

测试：你忧郁了吗

有些人可能自己患上了忧郁症，但是自己不知道。其实你可以进行下面的自测：

·持续的悲伤、焦虑，或头脑空白。

·睡眠过多或过少。

·体重减轻，食欲减退。

·失去活动的快乐和兴趣。

·心神不宁或急躁不安。

·躯体症状持续对治疗没有反应。

·注意力难以集中，记忆力下降，决策困难。

·疲劳或精神不振。

·感到内疚、无望或者自身毫无价值。

·出现自杀或死亡的想法。

【测验结果分析】

通过测试，如果你出现了5个或5个以上症状，这时你就要重视，调整心态和生活方式，防止忧郁变得更加严重。

第4章

恐惧：活脱脱一只惊弓之鸟

害怕犯错误，害怕被批评，害怕工作中出错，害怕被同事耻笑，害怕被炒鱿鱼，害怕说话出错，害怕与人交往，害怕身体出什么问题，害怕哪一天会突然出现自己意想不到的事情，害怕恋人离自己而去，害怕人生路途坎坷……心里住着个“胆小鬼”，担惊受怕，惶恐不安。

关键词

害怕　畏惧　畏缩　惧怕　胆怯　畏怯　惊悸　恐慌　惊慌害怕　惶恐不安　担惊受怕　惊慌失措　战战兢兢　神经紧张　谨小慎微　小心翼翼　担心多虑　犹豫不决　胆小怕事

一朝被蛇咬，十年怕井绳

恐惧是指人们在面临某种危险情境，企图摆脱而又无能为力时所产生的担惊受怕的一种强烈压抑情绪体验。恐惧心理就是平常所说的“害怕”。

恐惧心理，是在真实或想象的危险中，个人或群体深刻感受到的一种强烈而压抑的情感状态。

恐惧心理的产生与过去的心理感受和亲身体验有关。俗话说：“一朝被蛇咬，十年怕井绳。”有的战友在过去受过某种刺激，大脑中形成了一个兴奋点，当再遇到同样的情景时，过去的以经验被唤起，就会产生恐惧感。恐惧心理还与人的性格有关。一般从小就害羞、胆量小，长大以后也不善交际，孤独、内向的人，易产生恐惧感。

21世纪，恐惧症种类有了明显增加。比如人们担心万一有陨星会掉下来。成年人得电脑工作恐惧症，不敢敲键盘，担心弄坏了程序。有恐惧症的人担心有一天机器人和克隆人会来操纵人类命运。科学术语恐惧症患者担心万一有弄不懂的被人当成傻瓜。工作恐惧症害怕工作干不好而被炒鱿鱼。

一些化妆品和医药公司更是火上浇油，他们把顾客弄到神经兮兮的地步。人们看过广告短片之后，容易患上微菌恐惧症，怕脱发，怕长皱纹，怕体型丑陋，怕身上有异味，怕发胖。

现在又陡生了好些恐惧症，如怕洗澡，怕上厕所，怕走路，怕享受喜悦，怕卧向一侧，怕照镜子，怕与人交往等等。最普遍的恐惧还是下到地铁，而且最怕的还不是从别的城市来的旅客，而是几乎每天都得乘坐地铁的当地人。

恐惧症的患病原因

19世纪初，美国心理学家用条件反射理论来解释恐惧的发生机制，认为恐惧症状的扩展和持续是由于症状的反复出现使焦虑情绪条件化，而回避行为则阻碍了条件化的消退。患者在首次发病前可能会有某种精神刺激因素，资料表明，有近三分之二的患者都主动地追溯到与其发病有关的某一事件。

当患者遭遇某一恐惧性刺激时，当时情景中另一些并非恐惧的刺激（无关刺激）也可能同时作用于患者大脑皮层，两者作为一种混合刺激形成条件反射，所以今后重遇这种情景，即便是只有无关刺激，也能引起强烈的恐惧情绪。然而部分患者并无曾受恐吓的经历，有些患者恐惧的对象经常变换，这些都是条件反射学说难以解释的。

引起恐惧的刺激因素是多方面的，如人们熟悉的环境发生了意想不到的变化，奇怪、陌生、可怕的事物突然出现，黑暗、巨响、凶猛动物、歹人、悬空、身体突然失去平衡及他人恐惧情感的感染等，都可能引起恐惧，其中心理因素是导致内心恐惧的主要因素。

人们之所以感到恐惧，关键在于自身的心理承受能力，主要是自身缺乏处理可怕情境的能力。当危险情境极度威胁人的生命，自身又无能为力时，会产生绝望情绪。有的刺激还可能导致人的心理变态，出现强迫性的恐怖症状，如恐怖症、惧高症、惧空旷症和惧不洁症等。

人对未知的事物总有一种恐惧感，对不能把握的东西同样恐惧，这是非常正常的，恐惧是动物的一种自我保护机制，动物对自己不了解、无法控制、无法战胜的环境和事物的恐惧有助于其趋利避害。

之所以心理学家对恐惧心理的治疗研究一直颇为热衷，是因为外部环境和躯体本身的致病因素，常常首先使人产生恐惧的情绪反应，然后才产生其他心理、生理功能的异常变化。因此对人的身心健康危害最大的就是恐惧心理。

恐惧源于我们内心，我们只要勇于直面自己的内心，坦然面对外界一切，就不会再感到恐惧。

恐惧症患者的行为表现

恐惧产生时，常伴随一系列的生理变化，如心慌、心跳加速或心律不齐、呼吸短促或停顿、血压升高、脸色苍白、嘴唇颤抖、嘴发干、毛发竖立、身冒冷汗、四肢无力、惊叫等等，这些生理功能紊乱的现象，往往会导致或促使躯体疾病的发生。

另一方面，恐惧会使人的知觉、记忆和思维过程发生障碍，失去对当前情景分析、判断的能力，并使行为失调。如旅馆失火时，住在旅馆的人常常显得慌乱、紧张、不知所措、争先恐后往外跑，跑不出去就跳楼。

心脏病患者和心功能不正常的人容易产生恐惧感，突然的响声、恐怖的场面因容易引起心跳过快，也容易产生恐惧感。

其中心跳过快会引起似乎被追赶的恐惧感（中医有“心动过速者，惕惕然如人将捕之”之说）；心动过慢或早搏会引起的心悬空、心下沉的恐惧感。不过，一般的人在白天或人清醒时心跳过快过慢通常只引起两种不同的心悸感，很少会引起恐惧感。只有心理素质不好的人或在睡眠发生心跳过快过慢时才会引起恐惧感，也就是通常所说的噩梦。

我们究竟在恐惧什么

恐惧症通常急性起病，以面对某一物体或处境爆发一次焦虑作为前驱，患者虽知这种恐惧是过分和不必要的，但不能克制；不接触或脱离所恐惧对象时，则表现正常，因此，常伴有回避行为。

恐惧主要来源于外界事物，通常将恐惧的对象归纳为三类：

1. 单纯性恐惧症

除了对环境和人物恐惧以外，其他都归入本症亚型。临床常见形式有：

· 动物恐惧。害怕狗、猫、老鼠、昆虫等小动物，不敢碰摸，甚至不敢看，有时连对动物的玩具、图片和影视形象也感紧张恐惧，竭力回避。

· 疾病恐惧。患者害怕患特殊疾病，如心脏病、结核病、麻风病、中风或其他不治之症等。对癌症的心理恐惧，则称为“恐癌症”。

· 其他恐惧。名目繁多的病名，与具体恐惧对象有关，例如见到鲜血恐惧，甚至突然晕厥发作，称为“见血恐惧症”。

2. 社交恐惧症

社交恐惧症是指对特殊的人群发生强烈恐惧紧张的内心体验和出现回避反应的一类恐慌症，故又称为“见人恐惧”。这类病人平时不接触人群，见到自己父母等熟悉亲近的人，无恐惧紧张现象。一旦遇到陌生人、异性、上级领导甚至马路上的行人都会恐惧紧张，出现拘束不安、焦虑不宁、手足无措、面红耳赤、心悸出汗、头昏呕吐、四肢颤抖等身心异常反应。同时本人想方设法加以回避，脱离现场，躲避人群，以求减轻心理不安。社交恐惧症如不及时治疗，症状会逐渐发展，恐惧病症日益加重，恐惧对象逐渐扩大，最后发展到不敢外出，拒绝出席一切群体社交活动，内心异常痛苦忧郁，甚至产生消极自杀行为。

3. 广场恐惧症

在1871年创用本症名称时是指有一类病人，一参加公共广场集会或群众性狂欢时，就出现病理性恐惧反应。一旦离开广场后，病情随之消失。以后发现本症患者对商场、大百货公司、登高、仰视高大建筑物，乘坐电梯、公共车辆、过江轮渡，穿过隧道、繁忙的马路，以及走过很长的走廊等都会产生恐惧反应。深入病理心理机制的研究发现，任何环境如果存在拥挤、封闭，使其感到无法逃脱或回避，皆可导致恐惧发作。因为患者感到进入或留在这些地方，对自己不安全，有生命危险，有发生晕厥或失去控制而无法逃离的可能。因此，广场恐惧症名不副实，亦可称为“特殊境遇性恐惧症”。多数在25～35岁时起病，女性多于男性。这类病人初期只对1～2种环境产生恐惧和回避，如乘汽车恐惧时改乘火车旅行尚能适应。只要有人陪伴，甚至与爱犬同行，尚可出门办事。若不及时治疗，随着时间推延，病情逐渐加重，症状泛化，对上述任何场所、环境都产生包围感和威胁性恐惧心理，伴随严重的回避行为，最重时自我封闭在家，整天不能外出。

社交恐惧症的患病原因

社交恐惧症产生的因素有很多，也很复杂。有的人生来性格内向，内向的人在青春期过程中如果不注意调整心理状态，就会变得惧怕与人交往，容易使自我评价降低，从而引发社交恐惧。此外，严重的就会发展成为社交恐惧症。

社交恐惧的产生可能是心理缺乏自信或出现自我认同的问题，在缺乏一般人应有的自信心下，总觉得自己不如他人，也会主观地担心别人会瞧不起自己，因此干脆不参加任何有陌生人在场的活动。患者一般自尊心较强，害怕被别人拒绝或者对自己的外貌没有信心。也有家庭原因，如从小性格受到压抑或者是父母没有教会他们社交的技能，或者是家庭搬迁过于频繁。也有人是因为性格比较孤僻，不愿与人谈心。不过只要在正常的交往中认识他人，熟稔后仍然能与人成为好朋友。

具有社交恐惧的人在大多数场合都是作为听众，默不作声，以免引起别人的注意。追求完美是社交恐惧者所具有的共同的特性。他们不允许自己在行为中有一点点破坏自己完美形象的现象存在，随时地检查自己的行为中是否有有损形象的表现存在。

由此可见，社交恐惧患者较为内向的性格和较为循规蹈矩的生活，使他们更易接受中国传统道德观念的影响，而追求完美的个性又使他们相当重视别人对自己有关异性交往的评价，害怕别人的评价不利于自己完美形象的维持。因此他们在交往中时刻提醒自己注意形象，造成沉重的心理负担，在交往中一直担惊受怕。而人的生理心理规律又显示，当人的精力越是集中于某一点时，对这一点的反应就越强烈。越是惧怕出现的现象越是不断出现。

社交恐惧症患者的行为表现

人类从根本上来讲是一种群居的社交动物。几乎没有人不与他人或社会发生交往而过着与世隔绝的生活。这种交往影响着我们的心理健康。良好的社会关系可以预防心理问题的产生，而社会关系不良或生活在充满压力的环境中，则容易导致心理问题。大多数人不同程度地会在社交活动中感到不好

意思，没有自信。他们在公众面前演讲或与人约会时会紧张、心跳、手抖。不过这些焦虑情绪是暂时的，会很快消失，并不会影响他们正常的生活和学习。但如果这种焦虑情绪不能够缓解并严重影响了人们的正常生活，就是一种严重的问题——社交恐惧症。

社交恐惧症是对人际交往的恐惧。恐惧对象可以是某个人或某些人，也可以是除了特别熟悉的亲友以外的所有的人。患者极力避免与恐惧对象交往，如不得不与之交往，便会脸红、心悸、出汗和颤抖，或者举止笨拙、惊慌失措、忐忑不安。这类人害怕在众人面前出现，特别是对于被人注意尤为敏感：不敢从成排的人面前走过；不敢与别人对坐吃饭；怕见陌生人或异性，因而常常拒绝出席各种聚会，也不愿去可能要与人打交道的公共场所，如商场、餐厅等。

社交恐惧症主要表现为担心在社交场合出丑，也害怕当众表现某种动作；努力回避社交或表演性的场合，如果非去不可，则会极端紧张或者会产生恐惧。具体来说：

· 在绝大多数社交情境里，总是表现出社交焦虑、害羞或胆怯。

· 对他人的批评或反驳过分敏感。

· 除直系亲属之外，没有亲密的朋友或知己。

· 回避某种程度的人际接触情境。明了如此畏惧是过度且不合理的。

· 由于害怕讲话或做傻事，或害怕在别人面前失态，不愿意涉足社交情境。明显害怕在不熟识者面前做出令自己不体面和尴尬的事。

· 社交时出现心跳加快、出汗、口干、肌肉紧张和颤抖等症状。

· 有社交的欲望而得不到满足，由此而产生焦虑、孤独，不敢面对挫折。

· 常以逃避的方式面对社交困扰。在大部分清醒的时候离群索居或单独活动。

恐惧是正常的，没有恐惧则是不正常的

恐惧是正常的，没有恐惧则是不正常的，不合逻辑的恐惧则是病。亚历山大·波列耶夫认为恐惧是人的一种很正常的感觉，是一种警告危险和提早防备的信号。比如说，我们往悬崖下瞅时总是心惊胆战。要是没有这些恐惧症，人类早就灭绝了。人类大脑底部有一个杏仁体的脑结构，这是个专管恐惧感和不信任感的区域，被称为大脑中的恐惧中枢。每一次只要感到危险逼近，这个区域便活跃起来，而且想制止也制止不住。

如果这种感觉不再受到约束，那一般的害怕就被赋予一种非理性的、不合逻辑的东西。比如说，害怕游行队伍中带有敌意的人群，这合乎逻辑。

正常的恐惧心理可以训练我们应对真正的威胁。这点从野生动物的例子也可看出。马里兰州贝色斯达国立卫生研究所的研究员史渥米说：“不知天高地厚的小猴子看到蛇，目不转睛地跟它相互瞪眼，通常都活不长命；如果母猴教得好，凡事小心谨慎的小猴子，反而不容易早死。”

哈佛大学心理系主任卡林说：“养成凡事稍微害怕的心理，有个重要的作用：教我们明白四周环境里，有些东西必须十分注意、十分小心，这本领是可以训练的。”

密西根大学的中古史专家米勒出了一本书——《神秘的勇气》，书中从历史观点阐述了畏惧心理，指出，勇气其实是害怕的幻影，只不过被荣耀化了。

米勒研究了许多英勇武士的背景，结论是：刚猛不是正面的特性，而是负面的特性，缺乏自省能力的人才具备这种特性。他认为，大部分人都不是

刚猛之士，也就是不勇敢、心存畏惧的普通人，只愿面对少许的可怕状况，而不愿不顾一切地豁出去。

他说，面对的可怕状况不致造成生命危险的话，我们反而认为具有娱乐效果呢！大多数我们喜欢的娱乐，不就是有一点点危险吗？

你可以征服生命中的所有恐惧

著名的成功大师戴尔·卡耐基刚开始在纽约展开他的训练课程时，第一步就是训练学员站在讲台对大家发表演讲。但是许多学员不是结结巴巴，就是手脚发抖，或者脑中一片空白，什么话都讲不出来。卡耐基告诉他们："良好的沟通能力是成功的第一步，所有压力恐惧完全是由自己造成的。"然后一步步引导他们，一步一步训练他们，最后，多数人都敢站上讲台发表演说了。

这些勇于面对群众的学员，同时也克服了自己的恐惧，最后在事业发展上也都获得了成功。无畏心的重要可见一斑。

麦克·英泰尔是一个平凡的上班族，三十七岁那年他做了一个大胆的决定：放弃薪水优厚的记者工作，只带了干净的衣服，由阳光明媚的加州，靠搭便车横越美国。

他的目的地是美国东海岸北卡罗莱纳州的恐怖角——这只是他精神快崩溃时做的一个仓促决定。某个午后他忽然哭了，因为他问了自己一个问题：如果有人通知我今天死期到了，我会后悔吗？答案竟是那么肯定。虽然他有好工作，有漂亮的女友，但他发现自己这辈子从来没有下过什么赌注，平顺的人生从没有高峰或谷底。

他为自己懦弱的上半生而痛哭。一念之间，他选择了北卡罗莱纳的恐怖角作为最终目的，借以象征他征服生命中所有恐惧的决心。

最后，麦克·英泰尔成为美国媒体中传颂的知名人物。

克服恐惧看起来非常困难，但改变却在一念之间。其实，生活中有很多恐惧和担心完全是我们想象出来的，想要驱除它必须在潜意识里彻底根除。

急救疗法A：直面恐惧，增强自信

人人皆有恐惧，你我也并非例外。然而，你与你所仰慕的那些成功人士之间的唯一不同就在于，他们愿意去处理恐惧，然后超越它，最后赢得成功。

如果你不学着面对恐惧，它就会支配你的精神和肉体，阻碍你的梦想和生活。其实这种情况完全大可不必发生。一旦你学会驱散恐惧的方法，它便会不断缩小直至消失。

当你再次处在恐惧之中不知所措时，可以试试下面的方法：

1. 先接受后消除

勇敢地面对恐惧并接受它，明白地告诉自己，所有的担心恐惧都是自己给自己造成的压力。从今天开始，应该每天告诉自己，所有的恐惧都留给昨天了，我会勇敢地去面对每一个人、每一件事，而且不再害怕。

2. 修正妄想

恐惧只是幻觉。我们常常会不自觉地编造过去发生过和未来将会发生的恐惧故事，然后不断回想它们，直到我们真的开始害怕。我们关于恐惧的妄想大多来源于过去所经历的痛苦和对于未来未知的恐惧。改变那些自我暗示的恐惧故事，认真地活在当下会给你带来更多的安全感。你总是可以选择去创造一些充满对于未来美好期望的新故事。

3. 相信自己

你应着重于准备并且愿意去拥有成功、喜悦、惊奇、与他人之间的联系、美好的未来和绝佳的环境。如果你为之努力并乐于接受。你值得最好的。接受这个事实。

4. 笑对恐惧

用开玩笑的方式面对恐惧。说真的，撕碎它！当你尝试着这么做之后，你就会发现停滞不前和败于想象中的事物是多么愚蠢。

5. 活得充实

学会思考和表达，用充实的生活对付恐惧。别再关注那些负面消息了。要更多地为生命喝彩，帮助他人，乐善好施。

6. 学会新本领

做一个终身学习者。全心全意，熬夜苦读，实践所学。保持这样，恐惧就会消失。

7. 以人为师

学会从维克多·弗兰克尔、史蒂夫·乔布斯、J. K. 罗琳等其他成功者身上汲取经验。记住他们勇于尝试的生存方式，并沿着他们曾走过的路走向成功。

急救疗法B：加强心理训练

恐惧是人类自身对事物的不了解、不确定，因此通过提高对事物的认知能力，扩大认知视野，判定恐惧源。认识客观世界的某些规律，认识人自身的需要和客观规律之间的关系，确立正确的目标判断，提高预见力，对可能发生的各种变故做好充分的思想准备，就会增强心理承受能力以及对恐惧的免疫能力。

要培养乐观的人生情趣和坚强的意志，通过学习英雄人物的事迹，用英雄人物勇敢顽强的精神激励自己的勇气。在平时的训练和生活中有意识地在艰苦的环境下磨炼自己，培养勇敢顽强的作风。这样，即使真正陷入危险情境，也不会一时就变得惊慌失措，而是沉着冷静，机智应付。

另外，平时积极参加加强心理训练，提高各项心理素质。比如：进行模拟训练危险情境，设置各种可能遇到的情况，进行有针对性的心理训练，形成对危险情境的预期心理准备状态，就能够有效地战胜紧张和不安等不良情绪，提高心理适应和平衡性，增强信心和勇气，以无畏的精神克服恐惧心理。

急救疗法C：放开胆子，与人交往

对于多数人尤其是心理上有恐惧症者而言，与陌生人见面往往产生一些不自在的烦恼。其实胆怯无关乎个性，而往往由于接触的经验不够，进而排斥他人的情形居多。但若能进行自我训练，累积与他人相处的经验，即使无法改变自己的个性，亦不至于以与他人接触为苦。为加强自我的信心，不妨先做心理建设，常常提醒自己多接触不寻常的人物，借以改变自己的人生观，以及增加人生乐趣。

生活中我们与陌生人会面时所以会感到不安，原因之一便是觉得无话可说——找不出话题的约会的确令人乏味。其实，此种想法并不正确。与陌生人会面的恐惧心态，与第一次尝试没吃过的食物有点相似，大多基于自我保护的心态，所以绝不愿多接触素不相识的人。如此，又怎能了解与人相交的乐趣呢？

事实上，因相见而遭受严重挫伤的情形毕竟少之又少。若是因噎废食，让自己过着封闭的人生，岂非得不偿失？所以，放开胆子，与人交往，融入社会，这才是智者之举。

恐惧者害怕面对冲突，害怕别人不高兴，害怕害别人，害怕丢面子。所以在择业时，因怯懦，他们常常退避三舍，缩手缩脚，不敢自荐。在用人单位面前他们唯唯诺诺，不是语无伦次，就是面红耳赤、张口结舌。他们谨小慎微，生怕说错话，害怕回答问题不好而影响自己在用人单位代表心目中的形象。在公平的竞争机遇面前，由于怯懦，他们常常不能充分发挥自己的才能，以至于败下阵来，错失良机，于是产生悲观失望的情绪，导致自我评价和自信心的下降。

生活在现代社会，我们必须摒弃害怕、畏惧的心理，端正心态，以一颗健康有力的心尝试生活，明天才会有更好的开始。

急救疗法D：社交恐惧症的矫正

患有社交恐惧症的人，可以通过以下方法来矫正克服社交恐惧症。

1．消除自卑，树立自信

对自己应有正确的认识，过于自尊和盲目自卑都没有必要，事事处处得体，求全责备也是没有必要的。可以暗示自己：我只不过是集体中的一分子，谁也不会专门盯住我、注意我一个人的，摆脱那种过多考虑别人评价的思维方式。要记住：我并不比别人差，别人也不过如此，以此来增强自信。

2．改善自己的性格

害怕社交的人多半比较内向，应注意锻炼自己的性格。多参加体育文艺等集体活动，尝试主动与同伴和陌生人交往，在交往的实际过程中，逐渐去掉羞怯、恐惧感，使自己开朗、乐观、豁达。

3．培养基本的社交技巧，以提高交往生活的质量

在社交场合，不必过度关注自己给别人留下的印象，要知道自己不过是个小人物，不会引起人们的过分关注，正确的做法是学会把注意力放在自己要做的事情上才对。

4．培养建立良好关系的能力

首先要不断地告诉自己：这种恐惧是可以消除的，并正确认识人与人交往的程序，了解与人交往的方法。其次要查找出自己产生社交恐惧的事物种类，并试图挖掘心灵深处的根源。

5．转移刺激

暂时转移引起社交恐惧症的外界刺激。由于外界刺激在一段时间内消失，其条件反射在头脑中的痕迹就会逐渐淡漠，有时还可消除。

6．多读书，开阔视野

有时你的恐惧不完全是由于过分紧张，而是由于你的知识领域过于狭窄，或对当前发生的事情知道得太少。假若你能经常读些书、报刊，开拓自己的视野，丰富自己的阅历，你就会发现，在社交场合你可以毫无困难地表达你的意见。这将会有力地帮助你树立自信，克服恐惧心理。

急救疗法E：冥想法

冥想可以放松情绪，消除焦虑，更可以摆脱恐惧，通过冥想可以有效地战胜和克服恐惧感。可以采用以下的冥想训练步骤，来消除内心的恐惧感。

第一步

把能引起你紧张、恐惧的各种场面，按由轻到重依次列成表（越具体、细节越好），分别抄到不同的卡片上，把最不令你恐惧的场面放在最前面，把最令你恐惧的放在最后面，卡片按顺序依次排列好。

第二步

进行松弛训练。方法为坐在一个舒服的座位上，有规律地深呼吸，让全身放松。进入松弛状态后，拿出上述系列卡片的第一张，想象上面的情景，想象得越逼真、越鲜明越好。

第三步

如果你觉得有点不安、紧张和害怕，就停下来莫再想象，做深呼吸使自己再度松弛下来。完全松弛后，重新想象刚才失败的情景。若不安和紧张再次发生，就再停止后放松，如此反复，直至卡片上的情景不会再使你不安和紧张为止。

第四步

按同样方法继续下一个更使你恐惧的场面（下一张卡片）。注意，每进入下一张卡片的想象，都要以你在想象上一张卡片时不再感到不安和紧张为标准，否则，不得进入下一个阶段。

当你想象最令你恐惧的场面也不感到脸红时，便可再按由轻至重的顺序进行现场锻炼，若在现场出现不安和紧张，亦同样让自己做深呼吸放松来对抗，直至不再恐惧、紧张为止。

急救疗法F：行为疗法

行为疗法主要采用系统脱敏法。所谓系统脱敏法也称缓慢暴露法，是一种常用的行为治疗方法。其基本原则是交互抑制，即每次在引发焦虑的刺激物出现的同时，让病人做出抑制焦虑的反应。这种反应会削弱，最终切断刺激物同焦虑反应间的联系。采用系统脱敏法治疗恐惧症，要求有计划、有目的地指导，鼓励患者去接触使他产生恐惧的人群、事物或情境，即使暂时会产生恐惧，也要忍受和适应，直到恐惧情绪全部消失为止。

此法可以在医生指导下进行，也可以进行自我脱敏训练。

急救疗法G：认知疗法

认知疗法是通过解释、疏导，告诉患者他之所以对某种物体、情境或人恐惧，是因为他自己的主观意念所致。如社交恐惧，就是自己的一种强迫性的消极观念占上风，总担心与别人谈话、交往，别人会嘲笑或看不起自己，不管事实上是否真如此，总觉得很不自在、很尴尬、很恐慌。所以，要消除恐惧症，就要勇敢地面对引起恐惧的事物，学会控制、调节自己的害怕情绪。

案例急诊室

阿香原本有一个幸福美满的家庭，丈夫虽说内向，但是很顾家。可是近半年来，丈夫变了，变得在家里都不正眼看人，家里来了客人也借故走开，节假日不愿意去见岳父母，不敢面对妻子，以至于与阿香讲话时也要熄灯。阿香因此认为丈夫一定做了什么亏心事，而多次问他有什么亏心事，他都面红耳赤说不出来。阿香想既然什么也问不出来，干脆离婚算了。但是朋友都劝她不要草率行事，先带丈夫去看看心理医生。

丈夫和心理医生的谈话显得流畅多了，但是仍然低头多、抬头少。他说自己很苦恼：上班时注意力不集中，又不敢和同事交流。他一再声明自己并没有做亏心事，以前也不胆小，不知为何现在自己逐渐变得不敢见人，不敢与人对视，尤其是年轻女性，一遇到她们就觉得心跳、脸红、发颤，竟然发展到后来不敢面对妻子。

心理急救箱

症状：阿香的丈夫患了一种生理心理疾病——社交恐惧症，他的这些表现是一种病态的反应。

处方：放弃恐惧心理，提高自信心和自尊心，打开心扉，积极参与社交活动，勇于与人交往。

测试：你有恐惧症倾向吗

阅读下列问题，做出“是”或“否”的回答：

· 经常想到亲人会有不幸？

· 经常检查灯和水龙头关好没有？

· 在人群中受到推搡觉得反感？

· 有洁癖？多次反复地刷洗衣服和家具？是否老洗手？

· 是否老是对自己和自己所干的事不满意，尽管已经努力想干好？

· 你是否总是尽量想提前离开有可能使你遭遇尴尬的境地？

· 是否能轻易做出困难的决定？

- 你是否觉得有一种做某种多余事的必要？
- 经常觉得身上衣服有些不对劲？
- 有过回家检查门窗是否锁好的情况吗？
- 老舍不得扔掉已没用的旧东西？
- 是否老在想一般都是不由自主做的事？
- 是否有过老重复说同一句话或数一些没必要数的东西的时候？
- 睡觉前会把衣服整齐码好吗？
- 你是否干一些不重要的事也很认真？
- 你周围的东西是否随时都要放在同一个地方？
- 会老做一些无足轻重的老动作吗？

【测验结果分析】

从做出“是”的回答数的多少看出其患上恐惧症的程度：

没到5个说明跟恐惧症沾不上边。

5～10个说明患有轻度恐惧症。

11～15个说明患有中度恐惧症。

15个以上就得注意了，有患上潜伏性神经官能症恐惧症的危险。

第5章

自卑：卑贱是卑贱者的通行证

总觉得自己不如人，总觉得自己矮人一截，当你努力去做一件事情的时候，似乎在心底总有一个声音对你说："你不行，你做不到，你的能力不行，你没有这样的经验，到最后你会输得很惨……"这是自卑心理在作祟。其实，很多时候我们有更好的机会，就是无法战胜自己的自卑心理，使我们失去了很多。

关键词

自轻　羞愧　内疚　自责自弃　自怨自艾　自暴自弃　自惭形秽　妄自菲薄　缺乏自信　自我评价低　无用感　无望感　无助感　无价值感　害羞　失望　心灰意懒

总觉得自己矮人一截

自卑，就是自己轻视自己，看不起自己。自卑心理严重的人，并不一定就是他本人具有某种缺陷或短处，而是不能悦意容纳自己，自惭形秽，常把自己放在一个低人一等，不被自己喜欢，进而演绎成别人看不起的位置，并由此陷入无法自拔的境地。

自卑的人心情低沉，郁郁寡欢，常因害怕别人瞧不起自己而不愿与别人来往，只想与人疏远，缺少朋友，甚至自疚、自责、自罪；他们做事缺乏信心，没有自信，优柔寡断，毫无竞争意识，享受不到成功的喜悦和欢乐，因而感到疲劳，心灰意懒。

由于自卑的人大脑皮层长期处于抑制状态，中枢神经系统处于麻木状态，体内各器官的生理功能相应得不到充分的调动，不能发挥各自的应有作用；同时分泌系统的功能也因此失去常态，有害的激素随之分泌增多；免疫系统失去灵性，抗病能力下降，从而使人的生理过程发生改变，出现各种病症，如头痛、乏力、焦虑，反应迟钝，记忆力减退，食欲不振，性功能低下等等，这些表现都是衰老的征兆所在。

可见，自卑的心理是促使一个人在人生道路上常走下坡路，加速自身衰老的催化剂。因此，希望健康的人如果想要防止早衰，就应摒弃自卑心理，客观地分析自我，认识自我，热爱自我，树立起生活的勇气。

你的自卑感从哪里来

一般来说，自卑感的产生与主客观因素及自我评价因素有着密切的关系，其表现有三：

1．胆怯封闭

一些人由于深感自己不如别人，在与人交往或者从事某项事业中必败无疑，于是把自己封闭起来，不参与竞争，不干有风险的事，坚信“安全第一”。越是封闭自己，就越是对自己没有自信，造成不良循环。事实上，我们发现自卑的人很少会主动与人交往，在一些有激烈竞争的事业中更难觅踪影。

2．自傲逼人

人们常说的过分的自卑以过分的自尊表现出来，尤其当屈从的方式不能减轻其自卑之苦时，就采用好斗方式。有自卑感的人，比任何人更注意到不让自己被别人发现其内心的真实想法。因此当他认为别人可能会发现时，便采用这种好斗的方式阻止别人的了解。人们常发现这种人动辄就会为一件微不足道的事寻找借口衅事。其实，这种矫枉过正的做法，反而暴露出自己真实的内心世界。

3．跟随大流

丧失信心之人，常对自己的决定缺乏自信，便随大流以求与他人保持一致，去应验一句“人随大流不挨罚，羊随大群不挨打”的古训。自卑者害怕表明自己的观点，努力寻找他人的认可。我们发现自卑者的一个“规律”，他们在做某事之前想：别人是不是这样的看法？我这样做会让人笑吗？会不会被认为是出风头？在做了事之后，又想：不知会不会得罪人？如果刚才不那么做就会更好等等。总而言之，求同心理极强。

自卑症患者的行为表现

下面这些想法是自卑者的典型心理和行为：

1. 消极地看待问题，凡事总往坏处想

自卑者最难忘怀的便是失望和厄运。他们整天想着消极的事情，谈了又谈，算了又算，而且牢牢地记着，准备将来还要谈这些事情。

2. 多疑，对别人和自己的信心都不足

“别干这件事。恐怕这件事对你来说太吃力了，会把你搞垮的。”“肯定我要迷路，再也找不到那个地方了。”

3. 高兴不起来

如果你对于生活前景的看法是消极的，你就不可能快乐。对于情绪消极的自卑者来说，几乎根本没有过欢笑愉快的经历。他们把现时可能享受的欢乐也失去了，因为他们还在回味昨日不愉快的记忆，沉溺于今日唤起的痛苦之中。

在我们成长的过程中，家庭是我们的第一个课堂，父母亲是我们的第一副样板、第一任老师。他们反复播放的“情感磁带”便是我们仿效的模范。如果他们播放的是消极的节目，我们便养成了非常根深蒂固的消极模式。由于早期受到这种熏染，我们长大后也不太可能过得快活。只有在摆脱这种影响之后，才能品味到生活中可能得到的报偿。

老是想扫兴的事，一旦看到别人热情地去做某件事，会觉得不可思议。

他们把前途看得一片黯淡，连气都透不过来，于是把所有的气氛都破坏了。失败者不管要做什么事情，总是处处碰上他们自己设下的牢笼，处处都应验了他们自己所说的话。

4. 总是自责和自怨自艾

“什么事情出了毛病都是我被责备。”

“我们家的问题就是谁也不为我考虑。”

希望得到帮助或机会，又觉得没有这样的好事。“在这个城市里，要碰见一个好人是不可能的。”

5. 意志消沉

自卑者的意志是消沉的，他们心情沉重的原因之一是“背负情感包袱”。他们像负重的牲畜一样，把没有解决的老问题、老矛盾背在身上，天天翻来覆去地念叨那些烦恼事情。

长期被自卑情绪笼罩的人，一方面感到自己处处不如人，一方面又害怕别人瞧不起自己，逐渐形成了敏感多疑、多愁善感、胆小孤僻等不良的个性特征。自卑使他们不敢主动与人交往，不敢在公共场合发言，消极应付工作和学习，不思进取。因为自认是弱者，所以无意争取成功，只是被动服从并尽力逃避责任。

每个人都会有自卑感

著名的奥地利心理学家阿德勒认为：“人类都有自卑感，以及对自卑感的克服与超越。小的时候，看到别人长大而自卑；长大后，发现别人比自己有钱而自卑；有钱的时候，看到别人比自己更年轻力壮也自卑。这样看来，

自卑其实是不可怕的。从某种程度上讲，自卑也是推动一个人不断自我完善的动力。但是，如果你已经认识到自己的自卑，而不愿意去进行自我突破的话，那么自卑对你来讲就是非常有害的。”

在现代社会变化剧烈而竞争残酷的状况下，任何人都会不断地遭到自卑感的冲击，尤其是当以往在许多方面逊于自己的人，如今却优越地站在你面前的时候，你的心理会严重地失衡，那种自卑感更是难以忍受。

可是自卑并不是错。

每个人都会有自卑感，但不同的人可能有不同的选择——第一种人自惭形秽，被自卑所压倒，在消沉中萎靡不振，在忧郁的情绪中越陷越深而不能自拔，形成恶性的“自卑情结”。第二种人由于刺激产生了相当强烈的反抗心理，急于改变自卑的地位，不顾他人的利益，极端地自私，形成专注于自我的狂热的“优越情结”。这是和极端的自卑者完全相反的人格类型，由于他缺乏社会责任感和合作精神，同时过分妨碍他人，往往也遭到失败的结局。第三种人是上述两者的中间型。他既正视自己的自卑，注重克服和超越，更清楚人是社会的动物，人与人之间既有冲突，也有合作，而自我的成功就需要在合作中达成，需要兼顾他人的利益。这是一种理性的健康的优越人格。看看当今的社会，这样的人才会如鱼得水，无往不胜。因此对于一个自卑者，如何改良他的自卑心理对于他的人生有着重要的意义。

阿德勒认为，自卑感并非什么坏的情感，或是变态的征兆。相反，它是每个人在追求更加优越的地位和完美的人生过程中必然要出现的心理反应。关键在于如何对待这种自卑，是像孩子那样利用自卑做借口逃避现实，事事依赖他人，还是勇敢地克服和超越自卑，走向成功的人生？

告诉世界：我能行

有个小男孩名叫汤姆·邓普西。他生下来就只有半只右脚和一只畸形的右手。但他父母亲常会告诉他："汤姆，其他男孩能做的事情你都能做。为什么不能呢？你没有任何比别人差劲的地方，别的孩子可以做的事情，你一样能做到！"

后来汤姆要玩橄榄球。他发现自己比在一起玩的其他男孩踢得远多了。为了能实现这个愿望并发挥出这种能力，他找人为他订做了一双鞋子。

他参加了踢球测验，并且得到了一份卫锋队的合约。但教练却婉转地告诉他："你不具有做职业橄榄球员的条件，去试试其他的事业吧！"最后他申请进入新奥尔良圣徒队。教练看他对自己充满了信心，就抱着试试看的态度收了他。两个星期后，教练完全改变了想法。因为他在一次友谊赛中因踢出55码远的好成绩而得分。这使他获得圣徒队职业球员的身份。在那一个赛季中汤姆为他的球队踢得了99分。

最伟大的一天到来了！那天球场上坐满了6万多球迷。球是在28码线上，比赛只剩下几分钟，球队把球已经推进到35码线上，但是可以说根本就没有时间了。"汤姆·邓普西，进场踢球！"教练大声说。当汤姆走进场的时候，他知道他的队距离得分线有55码远，这也等于说他要踢出63码远。在正式比赛中踢得最远的记录是55码，是由巴尔第摩雄马队毕特·瑞奇查踢出来的。汤姆闭上眼睛对自己说道："我一定能行！"只见他全力踢在球身上，球笔直前进，但是踢得够远吗？6万多球迷屏气观看，然后看见终端得分线上的裁判举起了双手，表示得了3分。球在球门横杆之上几寸的地方越过，汤姆所在的球队以19比17获胜。球迷疯狂呼叫，为踢得最远的一球而兴奋。“真是难以相信！”有人大声叫道。这居然是由只有半只右脚和一只畸形手的球员踢出来的！但汤姆只微微一笑，他想起了父母，他们一直告诉他的是他能做什么，而不是他不能做什么。他之所以能创造出如此了不起的纪录，正如他自己所说的：“我从来不知道我有什么不能做的，也没人这样告诉过我！”

爱迪生说：“如果我们能做出所有我们能做的事情，我们毫无疑问地会使自己大吃一惊。”你一生中有没有为自己的潜能大吃一惊过？事实上，人通常比自己认为的要好得多，只不过大多数人都有自卑的想法，不相信自己，从而扼杀了自己的潜能。因此，对你的能力要抱着肯定的想法，这样就能发挥出心智的力量，并且会产生有效的行动。告诉世界：你能行！你能做得比别人好！

急救疗法A：正确认识自我

战胜自卑，首先要承认，自卑情绪人皆有之。实质上，一个人并非在每个方面都能出类拔萃，因为天外有天，人外有人。所以，在某些时候的某些方面有不如意的感觉，出现自卑也是正常的，大可不必以此为耻而自暴自弃，更犯不着用狂妄自大、目中无人去掩饰。那只是自欺欺人。

战胜自卑就要正确地认识自我。尺有所短，寸有所长。每个人都有自己的短处，也都有自己的长处。如果我们以己之长去比别人之短，就能发掘出自信，可以在客观地认识短处和劣势的基础上，找出自己的长处与优势。可以将自己最满意的事情、最引以为荣的优点和令人瞩目的成绩，炫耀于心中的“荣耀室”，从而反复地刺激和暗示自己“我还可以”“我能行”。美国著名心理学家麦克斯威尔说：“人的所有行为、感情和举止，甚至才能，与其自我意向是一致的。”如果能将“我还可以”“我能行”的心理暗示，不断地渗透到自己人生的各个方面，便能撞击出生命的火花，就能培养出阿基米德“给我一个支点，我将移动地球”的那份自信。

战胜自卑就要正确地评价自己。人贵有自知之明。所谓“自知之明”，就是不仅能如实地看到自己的短处，也能恰如其分地看到自己的长处，切不可因自己的某些不如别人之处而看不到自己的如人之处和过人之处，这才是正确的与人比较。马克思曾说过，伟人之所以高不可攀，是因为你自己跪着。

急救疗法B：增强自信心

自卑说到底就是缺乏自信，不相信自己。缺乏自信常常是性格软弱和事业不能成功的主要原因。一个人如果不相信自己的能力，那他就很难成为一个有能力的人。

许多人都过分关心外界的环境因素，处处表现得小心翼翼，以至于轻易地否定了自己。试想，我们都没认可自己而自贬身价，别人又如何能认为我们有价值呢？一个人如果陷入了自卑的泥潭，他能找到一万个理由说服自己不如别人。比如：我个子矮，我长得黑，我眼睛小，我不苗条，我家里条件不好，我学历不够，等等。一个人如果陷入了自卑，在人际交往中除了封闭自己以外，还有可能会低三下四。

因此，要战胜自卑，首先是要树立自信。无论做什么事情，要想取得成功，就要树立坚定的信心。不言放弃，知难而进，直至成功。成功的第一要素是自信。自信使你可以充分发挥自己的潜力，你要相信自己能够做好。然而这种自信不是盲目自信，而是源自于自身的素质和能力。

只有相信自己，乐观向上，对前途充满信心，并积极进取，才是消除自卑、促进成功的最有效的补偿方法。悲观者缺乏的，往往不是能力，而是自信。他们往往低估了自己的实力，认为自己做不来。

记住一句话：你说行就行。事情摆在面前时，如果你的第一反应是我行，我能够，那么你就会付出自己最大的努力去面对它。同时，你知道这样继续下去的结果是那么诱人，当你全身心投入之后，你会发现你真的做到了；反之，如果认为自己不行，自己的行为就会受到这种念头的影响，从而失去太多本该珍惜的好机会，因为你一开始就认为自己不行，最终失败了也会为自己找到合理的借口："瞧，当初我就是这么想的，果然不出我所料！"

急救疗法C：弥补自身的不足

一个人由于缺乏成功的经验，缺乏客观的期望和评价，消极的自我暗示又抑制了自信心，加上生理或心理上的缺陷、恶劣的生活境遇等原因导致了自卑心理的产生。这种心理如果任其发展，便会成为人的性格的一部分，难以改变，严重影响人的社会交往，抑制人的能力发展。

有自卑心理的人大都比较敏感，容易接受外界的消极暗示，从而愈发陷入自卑中无法自拔。而如果能正确对待自身缺点，把压力变动力，奋发向上，就会取得一定的成绩，从而增强自信，摆脱自卑。

首先，设法正确地补偿自己。

盲人尤聪，聋者尤明。这是生理上的补偿。人的心理也同样具有补偿能力。为了克服自卑心理，可以采用两种积极的补偿：其一是勤能补拙。知道自己在某些方面有缺陷，不背思想包袱，以最大的决心和最顽强的毅力去克服这些缺陷，这是积极的、有效的补偿。华罗庚说：“勤能补拙是良训，一分辛苦一分才。”其二是扬长避短，“失之东隅，收之桑榆”。

其次，增加成功经验。

一个人成功经验越多，他的期望也就越高，自信心也就越强。可见，通过一次又一次微小的成功，可以使自信心得到增强和升华。对于自卑的人来说，重要的是建立起符合自身实际情况的“抱负水平”，增加成功的经验。这可以由小由少做起，确保首次努力的成功，形成良性循环。

再次，多向名人学习。

多读些有关名人成功的书籍，尤其是那些曾被自卑感困扰的名人的事迹，从中获得克服困难的经验，进而鼓励自己自强自信，发挥所长，集中精力，矢志不渝地达到目标。这样，自卑心理也会不驱而散。

我们读达尔文、济慈、歌德、拜伦、培根、亚里士多德的传记，就不难明白，他们的优秀品质和一生的辉煌成就，从某种意义上来说，都促成于人的缺陷。缺陷不是绝对不能改变的，关键是自己愿不愿意改变。只要下定决心，讲究科学方法，因势利导，就会使自己摆脱自卑，逐渐成熟起来。

急救疗法D：乐观开朗，积极改变

怎样才能从自卑的束缚下解脱出来呢？可以采用以下的方法：

1. 认清自己的想法

有时候，问题的关键是我们的想法，而不是我们想什么事情。人的自卑心理来源于心理上的一种消极的自我暗示，即“我不行”。正如哲学家斯宾诺莎所说：“由于痛苦而将自己看得太低就是自卑。”这也就是我们平常说的自己看不起自己。悲观者往往会有忧郁的表现，他们的思维方式也是一样的。所以先要改变戴着墨镜看问题的习惯，这样才能看到事情明亮的一面。

2. 放松心情

努力地去放松心情，不要想不愉快的事情。或许你会发现事情真的没有原来想的那么严重。会有一种豁然开朗的感觉。

3. 幽默

学会用幽默的眼光看事情，轻松一笑，你会觉得其实很多事情都很有趣。

4. 与乐观的人交往

与乐观的人交往，他们看问题的角度和方式，会在不知不觉中感染你。

5. 尝试一点改变

先做一点小的尝试。比如换个发型，画个淡妆，买件以前不敢尝试的比较时髦的衣服……看着镜子中的自己，你会觉得心情大不一样，原来自己还有这样一面。

6. 寻求他人的帮助

寻求他人的帮助并不是无能的表现，有时候当局者迷，当我们在悲观的泥潭中拔不出来的时候，可以让别人帮忙分析一下，换一种思考方式，有时看到的东西就大不一样。

要有意识地选择与那些性格开朗、乐观、热情、善良、尊重和关心别人的人进行交往。在交往过程中，你的注意力会被他人所吸引，会感受到他人的喜怒哀乐，跳出个人心理活动的小圈子，心情也会变得开朗起来。同时在交往中，能多方位地认识他人和自己，通过有意识的比较，可以正确认识自己，调整自我评价，提高自信心。

7. 积极与人交往

不要总认为别人看不起你而离群索居。你自己瞧得起自己，别人也不会轻易小看你。能不能从良好的人际关系中得到激励，关键还在自己。要有意识地在与周围人的交往中学习别人的长处，发挥自己的优点，多从群体活动中培养自己的能力，这样可预防因孤陋寡闻而产生的畏缩躲闪的自卑感。

8. 客观全面地看待事物

具有自卑心理的人，总是过多地看重自己不利和消极的一面，而看不到有利、积极的一面，缺乏客观全面地分析事物的能力和信心。这就要求我们努力提高自己透过现象抓本质的能力，客观地分析对自己有利和不利的因素，尤其要看到自己的长处和潜力，而不是妄自嗟叹、妄自菲薄。

案例急诊室

有一位大学生，由于家庭条件不是很好，总是很自卑。师范大学毕业后，去过一些比较好的单位面试，但是因为自己表现得太过自卑，没有被一

个单位看中。为了能尽快参加工作，只好去了一个偏远闭塞的小镇教书。看着昔日的同窗有的进了大城市，有的进了大企业，有的投身商海。他的自卑感更加强烈了。

他不愿与同学或朋友见面，不参加公开的社交活动。为了改变自己的处境，他寄希望于报考公务员，并将此看成唯一的出路。但是，强烈的自卑与自尊交织的心理让他无法平静，在路上或城里偶然遇到一个同学，都会令他好几天无法平静。

为了将来，他逼着自己去学习，但是每每他捧起书本来，都因极度的厌倦而毫无成效。据他自己说："一看到书就头疼。一个英语单词记不住两分钟；读完一篇文章，头脑仍是一片空白。最后连一些学过的常识也记不住了。我的智力已经不行了，这可恶的环境让我无法安心，我恨我自己，我恨每一个人。"

公务员没有考上，事业也荒废了，苦闷中，他整日酗酒，在醉生梦死中度过一天又一天。

心理急救箱

症状：该大学生患的是一种典型的自卑，是一种自我否定而产生的自惭形秽的情绪体验。

处方：放下自责心理，积极与人交往，多鼓励自己，坚信自我的价值，活出自己最佳的状态。

测试：你有自卑心理吗

对下列题目做出“是”或“否”的回答。

问　　题	是	否
1. 你觉得像自己这样的年龄应该更高一些吗？		
2. 你对自己的容貌满意吗？		
3. 你是否不太喜欢镜子中看到的自己？		
4. 你觉得自己的身体不够强壮吗？		
5. 别人给你拍照时，你对拍出使你满意的照片没有信心吗？		
6. 你觉得自己比其他人笨一些吗？		
7. 你相信自己十年后会比其他人过得好吗？		
8. 你是否常被人家挖苦？		
9. 是否看上去很多同学或者同事不太喜欢你？		
10. 你常常有“又失败了”的感觉吗？		
11. 你的老师对你学习成绩感到失望吗？		
12. 做错什么事之后，你常常会很快忘却吗？		
13. 与同学或者同事、朋友在一起的时候，你是否常常扮演听众的角色？		
14. 你经常在心里默默祈祷吗？		
15. 你认为自己使父母感到失望吗？		
16. 你是否经常回想并检讨自己过去的不良行为？		
17. 当与别人闹矛盾时，你通常总是责怪自己吗？		
18. 你是否不喜欢自己的性格？		

续 表

问　　题	是	否
19. 别人讲话时，你经常打断他们吗？		
20. 你是否从不主动向别人挑战？		
21. 做某件事时，你常常缺乏成功的信心吗？		
22. 即使不同意对方的观点，你也不习惯当面提出反对意见，对吗？		
23. 你是否自甘落后？		
24. 你对未来充满信心吗？		
25. 在班级里，你对自己的成绩进入前几名不抱希望吗？		
26. 参加体育运动后，你总是感到自己不行了吗？		
27. 遇到困难时，你常常采取逃避的态度吗？		
28. 当你提出观点被人反对时，你是否马上会怀疑自己的正确性？		
29. 当别人没有征询你的看法时，你会主动发表自己的意见吗？		
30. 对自己反对做的各种事情，你总是充满自信吗？		

【测验结果分析】

选“是”记1分，选“否”记0分。

如果你的总分在0～5分，那么你充满了自信，只要注意别自满和自负。6～10分，总的来说你并不自卑。但当环境出现变化的情况下，你最终能够恢复自信。11～20分，只要一遇到挫折，你就会感到自己不行。你最好降低一下自己的期望值，调整自己追求的目标，以便从每次小的进步中享受成功的欢乐，逐步建立自信。

第6章

自恋：我怎么就那么完美

做什么都很自信？工作做得最出色？我是独一无二的，我与众不同？总觉得自己优人一等？没有什么可挑剔的？各方面都很完美？看自己什么都顺眼？别人都在夸赞我？我怎么就那么完美？总之，这世上的美好，唯我而已！

关键词

自恋　自信　自傲　自尊　自私　傲慢　自我欣赏　个人崇拜　自命清高　自命不凡　目中无人　自高自大　自以为是　以自我为中心　狂妄自大　不可一世

我是独一无二的

自恋是自我崇拜并过分关心自己的完美的一种心理状态。如果没到极端的情况，自恋被视为健康心理的元素。过度的自恋可以变成病态，或者会有严重人格分裂不正常的表现，这时就发展成为自恋症。

有自恋症的人始终不能从他们的成就和人际交往中得到幸福和满足。然而，和患其他心理疾病的人一样，他们也许还不知道，他们思考、感受和行为的方式正在扭曲他们的生活。最常见的表现形式是狂妄自大（想象中或实际行动中）、需要被人崇拜和不体谅别人。

在实际中，他们稍不如意，就又体会到自我无价值感。他们幻想自己很有成就，自己拥有权力、聪明和美貌，遇到比他们更成功的人就产生强烈嫉妒心。他们的自尊很脆弱，过分关心别人的评价，要求别人持续的注意和赞美；对批评则感到内心的愤怒和羞辱，但外表以冷淡和无动于衷的反应来掩饰。他们不能理解别人的细微感情，缺乏将心比心的共感性，因此人际关系常出现问题。这种人常有特权感，期望自己能够得到特殊的待遇，其友谊多是从利益出发的。

他们对人、对己的基本看法通常是："我是卓越的，才华出众的，别人比不上我，所以都嫉妒我。"他们认为别人对他们的关注、赞美、关心、帮助都是理所应当的，成功、权力、荣誉也理所应当是属于他们的，因此，他们对待批评、挫折的反应是愤怒、敌意，甚至会采取报复行动；他们缺乏同情心，对人冷漠，因而也会利用或玩弄他人的感情；他们没有责任感，更没有愧疚感，做错事总会寻找借口和"替罪羊"，因为，如果承认错误会威胁到他们的自我评价。

自恋型患者的抑郁情绪、人际困难或不切实际的目标可能影响工作。但另一方面，他们对功利的追逐也可能使他们获得较高的工作成就。

自恋症患者的行为表现

自恋型的人过分看重自己，对权力与理想式的爱情有非分的幻想。他们渴望引人注目，对批评极为敏感。在人际交往中，这种人很难表现出同情心。目前尚无完全一致的自恋型人格障碍诊断标准。一般认为，自恋症患者有如下的特征表现：

· 缺乏同情心。

· 有很强的嫉妒心。

· 渴望持久的关注与赞美。

· 认为自己应享有他人没有的特权。

· 喜欢指使他人，要他人为自己服务。

· 不体谅别人。体会不出也顾及不到别人的感受和需求。

· 过分自高自大，对自己的才能夸大其词，希望受人特别关注。

· 对无限的成功、权力、荣誉、美丽或理想爱情有非分的幻想。

· 坚信他关注的问题是世上独有的，不能被某些特殊的人物了解。

· 对批评的反应是愤怒、羞愧或感到耻辱（尽管不一定当即表露出来）。

· 坚信自己很“特别”，独一无二；坚信自己的“知音”也是“特别”的高层人物（或机构）。

自恋症患者的发病原因

如果说每一种正常的异常心理产生都有一定原因的话，那么自恋心理的产生是相对比较复杂的。对此，我们有必要追根溯源一番。

1. 过分娇宠的家庭教育

家庭教育是一个人自恋心理产生的第一根源。对于青少年儿童来说，他们的自我评价首先取决于周围的人对他们的看法，家庭则是他们自我评价的第一参考系。父母宠爱、夸赞、表扬，会使他们觉得自己“相当了不起”。

2. 生活中的一帆风顺

人的认识来源于经验，生活中遭受过许多挫折和打击的人，很少有自恋的心理，而生活中的一帆风顺，则很容易养成自恋的性格。现在的中学生大多是独生子女，是父母的掌上明珠，如果他们在学校又出类拔萃，老师又宠爱他们，就会养成自信、自傲和自恋的个性。

3. 片面的自我认识

自恋者缩小自己的短处，夸大自己的长处。自恋者也同样缺乏自知之明，同时又把自己的长处看得十分突出，对自己的能力评价过高，对别人的能力评价过低，自然产生自恋心理。当一个人只看到自己的优点，看不到自己的缺点时，往往会产生自恋的个性。这种人往往好大喜功，取得一点小小的成绩就认为自己了不起，成功时完全归因于自己的主观努力，失败时则完全归咎于客观条件的不合作，过分的自恋和自我中心，把自己的举手投足都看得与众不同。

4. 情感上的原因

一些人的自尊心特别强烈，为了保护自尊心，在挫折面前，常常会产生两种既相反又相通的自我保护心理。一种是自卑心理，通过自我隔绝，避免自尊心的进一步受损；另一种就是自恋心理，通过自我放大，获得自卑不足的补偿。例如，一些家庭经济条件不很好的学生，生怕被经济条件优越的同学看不起，装清高，在表面上摆出看不起这些同学的样子。这种自恋心理是自尊心过分敏感的表现。

从动机上来看，自恋型人格障碍的最根本的动机是得到他人的赞赏与爱。然而，他们对他人的冷漠和藐视，恰好使他们得到他们最恐惧的后果——被他人拒绝。幸运的是，自恋型人格障碍是可以通过自我教育而有所改善的。

急救疗法A：解除自我中心观

自恋型人格的最主要特征是自我中心，而人生中最为自我中心的阶段是婴儿时期。由此可见，自恋型人格障碍患者的行为实际上退化到了婴儿期。朱迪斯·维尔斯特在他的《必要的丧失》一书中说："一个迷恋于摇篮的人不愿丧失童年，也就不能适应成人的世界。"因此，要治疗自恋型人格，必须了解那些婴儿化的行为。你可把自己认为讨人厌的人格特征和别人对你的批评罗列下来，看看有多少婴儿期的成分。

还可以请一位和你亲近的人作为你的监督者，一旦你出现自我中心的行为，便给予警告和提示，督促你及时改正。通过这些努力，自我中心观是会慢慢消除的。

急救疗法B：学会爱别人

对于自恋型的人来说，光抛弃自我中心观念还不够，还必须学会去爱别人，唯有如此才能真正体会到放弃自我中心观是一种明智的选择，因为你要获得爱首先必须付出爱。弗洛姆在他的《爱的艺术》一书中阐述了这样的观点：幼儿的爱遵循“我爱因为我被爱”的原则；成熟的爱遵循“我被爱因为我爱”的原则；不成熟的爱认为“我爱你因为我需要你”；成熟的爱认为“我需要你因为我爱你”。维尔斯特认为，通过爱，我们可以超越人生。自恋型的爱就像是幼儿的爱，不成熟的爱，因此，要努力加以改正。

生活中最简单的爱的行为便是关心别人，尤其是当别人需要你帮助的时候。当别人生病后及时送上一份问候，病人会真诚地感激你；当别人在经济上有困难时，你力所能及地解囊相助，便自然会得到别人的尊敬。只要你在生活中多一份对他人的爱心，你的自恋症便会自然减轻。

案例急诊室

张怡从小就备受溺爱，父母和两个比她大很多的哥哥都把她当成掌上明珠。她聪明伶俐又漂亮出众，无论在哪里都是人们注意的焦点。大学时她是校花，追捧者众多。可在宿舍里，她却是最让人讨厌的人，因为她总是不打扫卫生、不叠被子、半夜大声打电话……还经常叫别人给她打饭、打开水，却不知道说谢谢；轮到她值日，她总是会“忘了”；遇上宿舍里指责她的声音，她就会说别人嫉妒她。

张怡后来找了个男朋友，也是对她百依百顺的，尽管她动不动就耍脾气。后来，男朋友和她提出分手，说：“你这个‘刁蛮公主’，我可伺候不了你一辈子。”

张怡实在是想不通，自己这只“白天鹅”竟然被人甩了？继而非常愤怒，甚至决心狠狠地报复他。

心理急救箱

症状：张怡患的是自恋型人格障碍。原因在于她从小一直生活优越的环境里，自我感觉良好。

处方：张怡需要正确认识自我，放下自命清高、以自我为中心的心理，尊重他人，理解他人，与人友好相处，以创造良好的人际环境。

测试：你有自恋倾向吗

为了确定你存在什么类型的人格障碍，建议你完成“自恋性人格障碍自我诊断测验”。

序号	情景描述	选项	
1	我比同龄的大多数人取得的成就都大。	是	否
2	我坚信自己比别人更好、更聪明、更有才华。	是	否
3	我争强好胜，但却输不起。	是	否
4	我梦想着干出一番事业或出名，并且经常假想这些梦想已经实现。	是	否
5	我毫不顾及他人的想法和感受，除非我有求于人。	是	否
6	我说话爱抬出名人以提高自己身价。	是	否
7	对我来说生活在合适的地方，与该交往的人打交道非常重要。	是	否
8	我利用他人来达到自己的目的。	是	否
9	我孤芳自赏。	是	否
10	当我被要求对家庭、朋友和同事负责时，常有被占便宜的感觉。	是	否
11	我经常无视各种规章制度并期望修改它们，因为我应受到特别对待。	是	否
12	当他人没有主动按照我的意愿行事时，我便会火冒三丈，即使他人有理由不照做。	是	否
13	我评论体育、艺术和文学时，会告诉你如果是我会怎样做。	是	否
14	我认为对我的批评大部分都是出于嫉妒。	是	否
15	我把任何不敬的行为都视为一种抵制。	是	否
16	我生性就认识不到自己的错误，偶尔或许会认识到自己所犯的错误；即使是最微小的错误也会让我极度失望。	是	否
17	我经常诡辩说那些比我更有名气的人并没有那么伟大。	是	否
18	我经常抱怨被人虐待和误解。	是	否
19	我对轻蔑、批评和反对意见过分敏感。	是	否
20	虽然我总是以高位自居，但我的确有智慧、有才华。	是	否
21	我常以浮夸的方式来夸大自我的重要性。	是	否
22	我对于无限的成功、力量、智慧或理想的爱情有着过多的幻想。	是	否
23	我有时非常犹豫不决，既想自己负责又想让别人来承担。	是	否
24	我渴望被过分崇拜。	是	否

续 表

序号	情景描述	选项	
25	我有优越感，希望得到别人的特殊对待。	是	否
26	我通过损人利己的方式利用别人。	是	否
27	我不能或不愿意牵扯到别人的需要和情感之中，无法共情。	是	否
28	我获得声望和赞美的动机很强，但却常常期望能够不劳而获。	是	否
29	我对他人有着根深蒂固的矛盾的情感。	是	否
30	我常以夸大、骄傲的表述来加强自尊。	是	否

【测验结果分析】

选“是”记1分，选“否”不记分。

如果你的得分在5分以下，说明你人格上没有异常，不存在自恋性人格障碍；

如果你的得分是5~15分，说明你具备一些自恋性人格障碍的特征，但只要平时自己注意，并不影响你的生活和工作；

如果你的得分在16分以上，说明你有比较严重的自恋性人格障碍，可能会影响你的生活与工作。建议你深入分析自己的人格问题，并在日常生活中注意矫正自己的性格异常，同时，运用本书提供的方法进行矫正。

第7章

孤独：我的孤独，虽败犹荣

性格孤僻，害怕交往，独来独往，莫名其妙地封闭内心，或顾影自怜，或孤芳自赏，或无病呻吟。不愿投入火热的生活，却又抱怨别人不理解自己，不接纳自己。无奈！你感觉更加的孤独……我们与孤独做伴，某时某刻，我们总会与它不期而遇。

关键词

孤僻　孤单　孤立　独处　自闭症　厌世　性格内向　独来独往　与世隔绝　顾影自怜　孤芳自赏　孤伶苦闷　孤立无援　孤单无助　性情古怪　离群索居

世上唯“孤”独尊

孤独感是一种封闭心理的反映，是感到自身和外界隔绝或受到外界排斥所产生出来的孤伶苦闷的情感。

孤独在现实生活中经常被人所提及，孤独是一种主观上的社交孤立状态，伴有个人知觉到自己与他人隔离或缺乏接触而产生的不被接纳的痛苦体验。一般而言，短暂的或偶然的孤独不会造成心理行为紊乱，但长期或严重的孤独可引发某些情绪障碍，降低人的心理健康水平。孤独感还会增加与他人和社会的隔膜与疏离，而隔膜与疏离又会强化人的孤独感，久之势必导致疏离的个人体格失常。

孤独是一种不愉快的，令人痛苦的主观体验或心理感受。大多数人都体验过孤独的痛苦。有关统计资料表明，多数人都体验过孤独的痛苦，孤独感已成为现代人的通病。心理学家估计随着社会变得越来越富有，这种对孤独感和人与人之间关系的关注将继续增长。

孤独和孤立的含义是不同的。孤独是个体对自己社会交往数量的多少和质量好坏的感受。对孤独感的这种界定，能帮助我们理解为什么有些人虽然远离人群，生活却感到非常快乐，而一些人尽管被人群所包围，而且经常与他人交往，却体验着孤独。有许多新人类抱怨身边没有多少真正的朋友。对这些人来说，与某些人进行坦诚的交往的需要不能满足时，将产生强烈的孤独感。从这个意义讲，孤独是一种个人体验。尽管每个人都会感到孤独，而且孤独感的来去随着环境的变化而变化，据此，认为孤独感是一种人格特征。

我们因何如此孤独

导致孤独的因素不一而足，有来自内部的，也有来自外界的，但最主要的是自身的心理因素。

1. 自我意识过强

在青少年时期，自我意识开始觉醒并逐渐建立，产生了了解别人内心世界并被其他同龄人接受的需要。他们很关心自己在他人心目中的地位和形象，重视他人的评价。正因为这样，他们会将自己隐藏起来。一方面他们觉得自己心中有很多秘密，不愿告诉别人，有一种封闭心理；另一方面他们又特渴望别人能真正了解自己。这种需要得不到满足时，便会陷入惆怅和苦恼，产生孤独感。

2. 自我评价不当

如果一个人自我评价过低，往往会产生自卑心理，自卑心理严重的人往往缺少朋友，容易产生孤独感。而如果一个人自我评价过高，往往产生自负心理，看不起别人，他们在交往中表现为不合群、不随和、不尊重他人，很容易导致他人的不满，因此，自负心理严重的人也往往缺乏朋友，感到孤独。

3. 缺乏交往

孤独者因为采用消极的交往方式，并缺乏必要的社交技能，而难以与他人建立亲密的友谊。与这些人交往常常让人感到不愉快，于是他们很难建立有助他们发展社交技能的人际关系。因而难以摆脱孤独。

情绪情感成分是人际交往中的主要组成部分，人际交往中的情绪情感障碍常常诱发人际孤独。常见的情绪情感障碍有害羞、恐惧、愤怒、嫉妒、狂妄等，其中，与孤独感密切相联的是害羞和恐惧。害羞和恐惧会使人产生逃避行为，从而避开与人交往的情境，离群索居，封闭自我。到了青年期，少年时代人际关系的特点继续发展着。但青年期人际关系发生着质的变化，主要表现在从精神上脱离对父母或成人的依赖，新的友伴关系（特别是异性关系）的协调和适应，自我意识的进一步发展和完善，以及对成人权威的抵触和反抗，竞争和对抗的激化等方面。因而其人际关系具有广泛性、自主性、易变性和异性敏感性等特点。

4. 环境因素

有些环境容易让人感到孤独，比如，孤单的环境，陌生的环境，突变的环境等。

漂泊于都市中的孤单身影

都市中密密麻麻的高楼大厦、川流不息的车水马龙，我们在拥挤的人潮中穿行。然而，公交车和地铁上的摩肩接踵、商场和公园里的熙熙攘攘，也让我们生发出一种前所未有的孤独感。近年美国心理学家的调查为现代都市人的孤独感提供了最有力的佐证，在400名受访者中，百分之百的人自称常感孤独。

“孤独感不是一种简单的心境。”中国社会科学院社会学所博士王俊秀称，它是一种封闭的心理状态，是因感到自身与外界隔绝或被外界排斥而产生的苦闷心情。“孤独感是人类独有的心理现象。”湖南师范大学心理系主任丁道群接受《生命时报》采访时说，人在渴望交往而实际交往情况不佳时容易产生孤独感。

心理学家把人际落空造成的孤独感分为两种：

一种是慢性孤独，多因长期没有获得满意的人际网络而起。自从计划生育政策实施后，基本都是独生子女，调查显示61.3%的独生子女“很孤独”；而压力和竞争让上班族整日奔波，无法停下脚步邀上好友倾心畅谈，内心平添许多寂寥；另外，全职太太经常独守空房，更让孤独有机可乘。另一种是转化型孤独，家庭破裂、频繁跳槽和子女单飞都会导致原有社会关系断裂，也让人难逃孤独。

人格因素同样影响都市人对孤独的感知。英国心理学家埃克森认为，人格的一个极端是外向，另一个极端则是内向。“而我们每个人不是偏外向些，就是偏内向些。”香港城市大学应用社会科学系副教授岳晓东说，调查显示，56%的人性格都偏内向。著名心理学家荣格认为，内向者的兴趣集中在自己的思想、观点、情感和行为上。岳晓东指出，内向者对自我世界的过度关注极易引发孤独感。内向的人不喜欢、不习惯表达自己；或常常缺乏勇气，担心自己的想法不受重视或不被肯定，进而选择缄默，因此难免孤独。

孤独，并非指单独生活或独来独往。一个人独处，也许并不感到孤独，而置身于大庭广众之间，未必就没有孤独感产生。真正的孤独是那种貌合神离，没有情感和思想交流的人。当然，每一个人都有孤独的时候，但并非每个人都能消除孤独感。人本来就害怕孤独。但无论置身于怎样的人群之中，人和人之间还是互无瓜葛。人世就是这样的冷漠无情，所以，都市中流行随身听大概就是为了用平时听惯了的音乐来独自打发处于人群中的孤独吧。

人到底能承受多少孤独

我们每个人都难免会产生孤独感。那么，人到底能承受多少孤独呢？

1954年，美国做了一项实验。该实验以每天20美元的报酬（在当时是很高的金额）雇用了一批学生作为被测者。

实验内容是这样的。为了制造出极端的孤独状态，实验者将学生关在有防音装置的小房间里，让他们戴上半透明的保护镜以尽量减少视觉刺激。接着，又让他们戴上木棉手套，并在其袖口处套了一个长长的圆筒。为了限制各种触觉刺激，又在其头部垫上了一个气泡胶枕。除了进餐和排泄的时间以外，实验者要求学生24小时都躺在床上。可以说，这样就营造出了一个所有感觉都被剥夺了的状态。

结果，尽管报酬很高，却几乎没有人能在这项孤独实验中忍耐三天以上。最初的8个小时好歹还能撑住，之后，学生就吹起了口哨或者自言自语，有点烦躁不安了。在这种状态下，即使实验结束后让他做一些简单的事情他也会频频出错，精神也集中不起来了。

据说，实验后得需要3天以上的时间才能回到原来的正常状态。实验持续数日后，人会产生一些幻觉。例如看见大队花栗鼠行进的情景啦，或者听到有音乐传来啦，等等。到第4天时，学生会出现双手发抖，不能笔直走路，应答速度迟缓，以及对疼痛敏感等症状。

通过这个实验我们明白了一点：人的身心要想正常工作就需要不断地从外界获得新的刺激。也就是说，人需要打破孤独。但孤独感却时时向我们袭来，人际交往中所出现的孤独感已经成为困扰步履匆匆的青年人、成年人的重要因素。

我们为什么觉得自己不被认同

《天才在左，疯子在右》这本书中有这么一个案例。

某天，作者的朋友向作者推荐了他的一位精神病医师朋友与作者见面。最初，作者以为是介绍病人，毕竟他所接触的大部分精神病患者都是通过医师介绍而来的。于是，作者爽快应约前往。见面之后，才了解原来是这位精神病医师有一些难解的问题，需要咨询作者的意见。她认为她能深刻理解精神病患者们所说的世界观和看法，并对此非常认同，于是她开始认为她自己具有精神病人的某种潜质。她认为精神病人，或者心理障碍者，不但聪明而且是超出常人的理解能力的那种聪明。他们之所以是患者，是因为在他们身上存在一种矛盾。她可以深刻地理解这种矛盾。这时作者接过话题："这种矛盾非精神病人也有，就是一种孤独感。虽然为此痛苦不堪，但是又尽力维护着那种孤独感。他们经常处在一种挣扎状态：既希望别人来关注、关心自己，又不知道该怎么去接触和回应别人，于是干脆直接抗拒。可是骨子里又是那么渴望被了解，渴望被理解，渴望被关注……""哪怕会后悔，也是继续坚持着去抗拒，而且矛盾到嘴里说出来的和心里想的完全相反。"医师打断作者继续说，"那种挣扎完全可以是不必要的，而且事后自己也会想：这不是自找的吗？这不是无病呻吟，吃饱了撑的吗？自己为什么就不能敞开心扉呢？就像你我，从事这一行都是源自一样的动机：寂寞。有些东西在心里，不是不说，而是不能说。我试过太多次说给别人听，得到的评价是：你想那么多干吗？你有病吧？你最近怎么了？你老老实实挣钱，别想些没用的东西。你疯了么？你就不能干点正经事吗？你喝醉了？太多太多次打击了。最后直接锁上了心门。”医师叹了口气继续说，“当她面对一些精神病患者的时候，她发现她面对的就是自己。”作者突然发现他找到了那种曾经期待过，但却从未得到过的那种同类的感觉。“尤其是面对一些知识渊博、逻辑完美、信念坚定的精神病患者的时候，作者经常想自己其实就是一个不具备渊博知识，不拥有完美逻辑，信念又不坚定的精神病人……”医师的话触及了作者的灵魂深处，或者说作者的话触及了医师的灵魂深处。说不清，只是他们互相凝望的眼神折射出了彼此灵魂的熟悉与默契。

事实上，人无完人，每个人都有自己的矛盾点，面对自己的这些矛盾与挣扎，为什么我们会感觉如此无力与孤寂？为什么我们会找不到被他人认同的支撑点？我们如此地渴望被关注、渴望被理解，却又是如此无能为力，最后得到的却是多重的打击。如何深刻地认识到自己内心深处的矛盾挣扎，如何有效地化解内心的这种无力与孤寂感，我们首先要对认同有个清晰的了解。

认同是心理学上的一个词，指的是一个人寻求亲近感或归属感的愿望和行动，典型的行为特征是“一个人变得像另外一个人或另外一些人”，并具有彼此属于同一类的心理概念。认同最早是由威廉·詹姆斯和弗洛伊德提出的。詹姆斯认为，一个人拥有认同感受可以在精神或道德态度上看出，当这种情形突然发生在自己身上时，他会感到自己充满生机和活力。这一刻，有一种发自内心的声音在说，这才是真正的自我。弗洛伊德把认同看成是一种模仿，是个体向另一个人或另一个团体的价值、规范与面貌去模仿、内化并形成自己的行为模式的过程。认同是个体与他人有情感联系的原初形式。这两种涉及两种认同：自我认同和社会认同。

自我认同，即个人认同，指自己对自我的觉知。一个人根据自己的经历反思性地理解到的自我，包括自我的现状、生理特征、社会期待、工作状态等各个层面的觉知。自我认同是能够理智地看待并且接受自己以及自己以外的世界，并能够精力充沛地积极生活，有明确的奋斗目标，并且在追求和逐渐接近目标的过程中体验到自我的价值以及社会的承认与赞许，既能够从这种认同感中巩固自信与自尊，又有自己坚定的信念与独立的个性，拥有积极健康和谐的人际关系。社会认同是个体认识到他是属于特定的社会群体，而不是绝对的独立个体。在这个群体中，他们遵循着共同的信仰、价值以及情感。个体拥有作为一个群体成员该有的自我观念。

自我认同和社会认同对一个人健康的心理成长是必不可少的。自我认同是自信心的来源，是自尊心的体现。没有自我认同，人会变得没有原则，没有自信心，这样子也无法得到他人的认可，反而会使自己陷入孤单寂寞的情境中。同样一个人得不到他人的认可，只懂得孤芳自赏，这样也是得不到真正的幸福与快乐。

再回到上面的案例中来，即使是精神病医师，她也存在矛盾的挣扎。因为她认同了她的病人的世界观和理念，但职业的惯性却违逆着她，她对自己的认可发生了混乱，所以她觉得自己不够踏实，她需要他人的一份认可来帮助她获得继续下去的信念。同样，书的作者也面临着许多的困惑与矛盾，有周围人的担忧，有自己对这份职业的疑虑等，所以他也需要获得他人的一份理解。他找寻了好久，但却找不着。因为想要被理解的东西往往一般是被自己深深隐藏起来的，是触不可及的。然而，幸运的是，他碰到了，她也碰到了，所以结局是他们都获得了心灵的踏实。

我们常常感叹自己不被他人认可，我们得不到想要的理解，所以我们常常抱怨着自己的孤独，好累好累……精神病医师最后与作者说了这么一句话，我拿来作为结尾，希望能够引起大家的共鸣：只有当你认真地去做一件

事的时候，才会发现自己的灵魂，和灵魂的深处。我想说的是，当我们认真去感受需要被感受的对方的时候，往往能够触及对方的灵魂深处，让对方体验到一种他人的承认与赞许、容纳。

林妹妹为何英年早逝

生活中有很多人总是在时刻感受着孤独，想要挣脱却越挣越扎，说不清为什么，但感受又是真实地存在。《红楼梦》中的林黛玉，她就是一个非常典型的真正的孤独者。“那一日正当三月中旬，黛玉猛想到昨夜春雨，必将那盛开的桃花打落在地，若被人践踏了，岂不可惜！便担了花锄，向沁芳闸桃林走去……宝玉正在山坡上看书，见了她忙说：你来得正好，快把这些花瓣扫起撂在水里吧！黛玉说：不好，溜出去反而糟蹋了。那墙角上我有个花冢，随土化了岂不干净！宝玉大喜，把手中的书一藏，来收拾落花……”黛玉是孤独的，这源自于她内向的性格，她在这个气派的大家族中找不到自我，唯唯诺诺，总怕遭人耻笑，于是无人处常常迎风落泪，对月长叹，身体越发虚弱。黛玉葬花成了经典中的经典，因为黛玉葬的不是桃花，而是她的梦，她的渴望，她葬的是一种孤独的情怀！

我们有时候会想，住在这么气派豪华的贾府，过着锦衣玉食般的公主生活，有那么多的人围绕着，关切着她，她还自怨自怜，孤独葬花，这不是自寻烦恼吗？殊不知，正是有我们这样的想法以及“何必多此一举”的态度，注定了林黛玉的孤独悲哀。我们无法真正理解她的脆弱，她的担忧，还总是以我们自身的角度来衡量她的一切，她才会与我们越走越远。宝玉如此地爱怜她，从某种程度上来讲，也是源自于他们拥有只有他们自己能够理解的孤独感受，因此才会如此地珍惜。错只错在他们在一个不懂做梦的年代做了一个无比华丽的美梦，梦醒了，梦就会破碎……

细细观察身边，你会发现一些十分孤僻的人，他们的灵魂十分孤独。他们缺乏安全感，敏感，很难建立稳定的信任关系却又想得到周围人的尊重与认同，这种矛盾让他们产生回避，退让，不自觉地缩回到自己的世界，越走越远。

也许，让这些真正的孤独者走出自我狭小的世界最有效的方法，就是寻找拥有孤独感受的同类。感觉有点绕，但却是灵魂的触及。有时候我们的关心对孤独的人来说是一种看不见的伤害，是推动他们越加孤独的力量。因为我们总想着让他们走进我们不孤独的世界，却忘了我们的不孤独也只是短暂的存在。

急救疗法A：自信、自立、自强

虽然孤独是每个人都常有的心理体验，但并不是每个人都能成功地战胜自己的孤独感。有人用喝酒排遣孤独，有人把时间排得满满当当，让孤独的感觉无处插足。但用这样的方式驱走的是寂寞而不是孤独。孤独是一种思想上、情感上无以沟通、无倚无傍、无人理解与认同的感觉。这种感觉会让我们心情忧郁，情绪低沉；另一方面，对孤独的体验和玩味也会使我们富有个性、善于思索，走向心理成熟。这就需要我们战胜孤独，超越孤独。

孤独是每个人心理成长过程中不时光顾的朋友。从未感受到孤独的人是不健全的。人感受到孤独时一般心情都是低调的，此时，如能静下心来，细细梳理自己的情感，审视自己的内心世界，在走出孤独的同时，也会伴随着

人生的思索和升华。

在成长的时代，少年的心灵犹为敏感、细腻、丰富，它渴望被承认、被鼓励、被重视，孤独感往往意味着这些要求没有被满足，这种缺憾终究带来对年轻心灵的伤害。那么少年必须尽快克服孤独，或尽量减少孤独感带来的伤害。做到这一点不能一味等待他人的帮助，而应该调整心态、树立新的思想。

自信、自立、自强是战胜孤独的三件法宝。因为自信，你就不一定非从他人那里寻求对自己的肯定；因为自立，你将渐渐具备独立决断的能力，这将使你从柔弱变得坚强；因为自强，你将把更多的精力用在刻苦学习、努力拼搏上，而不是总在考虑孤独这个问题——既然这个问题本就不容易想清楚，干吗不把它先搁置一边？它并不是个大是大非的问题啊！

一旦你走向自信、自立、自强，你的心灵将从浮躁多变转为冷静和积极，你将更善于控制情绪和思想。你会发现，父母将欣喜于你的成长，对你的“操心”将渐渐变为“放心”；周围的同学会以佩服的眼光看着你，在许多方面征求你的意见，愿意做你的朋友。这样，孤独感还会存在吗？

急救疗法B：温暖别人的火，也会温暖自己

许多人的孤独感是与自卑联系在一起的。因为害怕不被人理解，害怕与别人不一样，害怕难以融入周围的世界，所以感到孤独。这是自卑心理造成的孤独状态。克服自卑心理是走出此类孤独的关键。自卑心理大多源于歪曲和片面的自我认识。其实，大可不必为自己与别人不同而难过，我们每个人都是这世界上的唯一。当我们怀着一种自信和平等之心与人相处时，就会在交往中少一些疲惫和牵强，多一些轻松和愉快。

要战胜孤独，就要学会为别人着想，为别人做一些事情。全心照顾孩子的母亲不会感受到孤独，热恋中的情人即使天各一方也不会孤独，因为他们的心思都不在自身。只要花一些时间和精力关心、关注别人，就会在互动的良性人际关系中体验到一种自我价值感而不是孤独。温暖别人的火，也会温暖自己。

要从根本上超越孤独，还要确立正确的人生目标。一个有所追求、有所爱的人是不惧怕孤独的。有了明确的人生目标，就会多一些宽容与豁达，就会慢慢培养出淡化得失的心情，就会战胜孤独、超越孤独。

急救疗法C：积极与外界交流，勇于与人交往

每个人在一生中都或多或少地体验到孤独感。有孤独感并不可怕。但是这种心理得不到恰当的疏导或解脱而发展成习惯，就会变得性情孤僻古怪，严重的甚至有可能会变成自闭症，这就需要心理医生的治疗了。

由于自卑而觉得自己不如别人，所以不敢与别人接触，从而造成孤独状态。这如同作茧自缚，自卑这层茧不冲破，就难以走出孤独. 其实，人与人不可相比，每个人都有长处和短处，人人都是既一样又不一样。所以，一个人只要自信一点，就能钻出自织的茧，从而克服孤独。

与人们相处时感到的孤独，有时会超过一个人独处时的十倍。这是因为你和周围的人格格不入。例如，你到一个语言不通的地方，由于你无法与周围的人进行必要的交流，也无法进入那种热烈的情感中，所以，你在他人热烈的气氛中会感到倍加孤独。因此，你需要改变自我，积极与外界交流，勇于与人交往。

独自生活并不意味着与世隔绝，虽然客观上与外界交流造成困难，但依然可以通过某些方式达到交流的目的。如当你感到孤独时，可翻翻旧日的通讯录，看看你的影集，也可给某位久未联系的朋友写信。当然与朋友的交往和联系，不应该只是在你感到孤独时，要知道，别人也和你一样，需要并能体会到友谊的温暖。

在与他人相处时，无论是什么样的情境下，都要做到“忘我”，并设法为他人做点什么，你应该懂得温暖别人的同时，也会温暖你自己。

急救疗法D：享受自然

驱除孤独感很重要的一条，就是要尽力改变自己原来的环境。

生活中有许多活动是充满了乐趣的。只要你能够充分领略它们的美妙之处，就会消除孤独，如有些人遇到挫折，心情不好，但又不愿与别人倾诉时，常常会跑到江边或空旷的田野，让大自然的清风尽情地吹拂，心情就会逐渐开朗起来。

孔子曾说过：“独学而无友，则孤陋而寡闻。”一个人的时候，给自己安排一些感兴趣的事情，读读书，听听音乐，从事自己的业余爱好等等。每个人都会有孤单的时候，在属于自己的时间里满足自己的兴趣爱好，乃是人生的一种乐趣。

克服孤独感的一些方法，只要持之以恒，一定会收到意想不到的效果。

案例急诊室

小周是一名大二的学生，她对自己的人际交往总觉得没什么信心。平时在宿舍里的时候总觉得别人是在针对自己，走在路上也觉得对别人怀有敌意。她从小在家里就是一个人，从小孤独惯了，当然也独立惯了，她认为这个习惯在高中也给她带来了很多方面的影响，但总的来说是利大于弊，排除了别人的干扰，使得她学习心无旁骛，成绩也十分优秀。

但到了大学后她觉得自己开始不适应了，在各个方面学校都要求一种团队精神，而不只是学习成绩。她自己觉得很难与他人沟通，总是与他人格格不入，总对他人怀有敌意，对自己的事情总是有太多的不平衡感，一直精神上压力很大，自己很痛苦，身边的人们也感觉到很不舒服。

杜先生今年27岁，过着单身生活。他自称，从17岁开始大约到21岁这个阶段，他感到非常孤独。尤其是在雨天或晚上的时候，他一个人躺在房间里，强烈渴望有一个伴侣。几乎每个晚上他都会不由自主地哭泣。虽然他感觉很痛苦，却不愿家里人觉察到，连哭泣都尽量做得无声无息。

他非常苦闷，总觉得与周围的人格格不入，他觉得许多人素质太差，低俗、自私……而周围的人也同样认为他清高、自负、好表现，而不愿搭理他，经常挖苦他。

杜先生很孤独，他不知道自己该随波逐流，还是继续保持独特的个性。他现在远离家乡，在外地城市里做着一份仅够养活自己的工作，没有爱人，也没有朋友，经常发愁，不知道自己的未来在哪里。

心理急救箱

症状：杜先生患的是一种典型的孤独症，主要在于他清高自负，性格封闭，生活在自己的小世界里，从而感到与世隔绝、孤单寂寞。

处方：抛弃清高自负，投入到生活中，主动与周围人交往，以宽容心看待他人，接纳他人。

测试：你感到很孤独吗

根据每个句子是否准确地描述了你的情况，指出"是"或"否"。如果一个题目因为你目前还没有卷入这种情况而不适用，就答"否"。

A.我对家人感觉亲近。

B.我有一位能与我讨论我的重要问题和烦恼事的恋人或配偶。

C.我觉得自己确实与生活于其中的更大团体没有多少共同点。

D.我很少接触家人。

E.我与家人相处得不好。

F.我正卷入一种恋爱或婚姻关系，双方都衷心努力合作。

G.我与直系家族中的多数成员有不错的关系。

H.我认为当需要时，我不可能向生活在周围的朋友求助。

I.我生活的团体中没有人关心我。

J.我让自己去亲近朋友。

K.从恋人和配偶那里我很少得到所需的安全感。

L.我对生活中的团体及街坊有归属感。

M.在我居住的城市中，我没有许多朋友。

N.当我需要时，没有任何邻居会帮我。

O.我从朋友那儿得到许多帮助和支持。

P.我的家人很少真正听我讲话。

Q.只有少数朋友以我希望被理解的方式来理解我。

R.当我有麻烦时，我的爱人或配偶能感觉到并鼓励我说出来。

S.我觉得在目前的恋爱或婚姻关系中自己有价值并被重视。

T.我知道团体中谁理解及分享我的观点和信念。

【测验结果分析】

计分：当您的答案和下面的（各测量表的题号及答案）相一致时就加一分。

友谊测量表：H—是；J—否；M—是；O—否；Q—是

家庭关系测量表：A—否；D—是；E—是；G—否；P—是

恋爱—婚姻关系测量表：B—否；F—否；K—是；R—否；S—否

更大群体关系测量表：C—是；I—是；L—否；N—是；T—否

各测量表的平均分数通常为5~6分，分数越高表明孤独程度越高。分别计算四个表的得分，你会发现生活中哪个方面你最有孤独的困难。

现在有许多新人类抱怨身边没有多少真正的朋友。对这些人来说，与某些人进行坦诚交往的需要不能满足时，将产生强烈的孤独感。从这个意义讲，孤独是一种个人体验。尽管每个人都会感到孤独，而且孤独感的来去随着环境的变化而变化。

第8章
挫折：命运为什么总是和我过不去

漫漫岁月，茫茫人海，生活道路上无不充满坎坷挫折：高考落榜，升职无望，借贷无门，办事受阻，生活困难，无端受谤，等等。不管你喜欢不喜欢，不管你愿意不愿意，挫折随时都可能翩翩而来。挫折来临，又怎样去应对呢？

关键词

挫败感　抱怨　气馁　一蹶不振　心灰意冷　灰心丧气　意志消沉　惆怅忧伤　失望沮丧　悲观绝望　萎靡消沉　厌世轻生　丧失锐气　丧失信心　丧失斗志　缺乏进取心

人生之路多坎坷

挫折是一种情绪状态，主要是指人们在某种动机的推动下，在为实现目标而采取行动的过程中，由于遇到无法逾越的阻碍或干扰，个人需要不能满足、动机无法实现而产生的紧张、消极的情绪反应。挫折包含三个方面的含义：

1. 挫折情境

即对人们有动机、有目的的活动造成障碍或干扰的情绪状态或条件，可以由人、物或自然、社会环境构成。

2. 挫折认知

即对挫折情境的知觉、认识和评价。

3. 挫折反应，即挫折感

指个体在挫折情境下所产生的烦恼、困惑、焦虑、愤怒等负面情绪体验。认识什么是挫折，对改变人的行为、提高人的积极性很有意义。

人生在世，总会有几番起落。在我们前进的道路上，挫折和失败在所难免。

少年朋友学骑车练游泳，往往摔跤喝水；青年学生高考落榜，失去上大学的机会；辛勤创业者，盖起房屋却被洪水冲垮；商海弄潮儿，想赚钱反倒蚀了本；爱情出现风波，心上人移情别恋；朋友之间发生误会，友谊蒙上阴影……凡此种种，都是一种挫折和失败。只要有人类存在，就一定有挫折和失败存在。

挫折和顺利，失败和成功，都是完整人生不可缺少的组成部分。它们之间，相反相成，又互相转化。顺利往往伴随挫折而来，成功常常在失败中诞生。

挫折心理产生的原因

一般学习上的困难、工作中的不顺利、同学同事之间的一时误会和摩擦、恋爱中的波折等，固然会引起不良情绪反应，但相对而言，毕竟是区区小事，影响不大。但严重的挫折，会造成强烈的情绪反应，或者引起紧张、消沉、焦虑、惆怅、沮丧、忧伤、悲观、绝望。长期下去，这些消极恶劣的情绪得不到消除或缓解，就会直接损害身心健康，使人变得消沉颓废，一蹶不振；或愤愤不平，迁怒于人；或冷漠无情，玩世不恭；或导致心理疾病，精神失常；也有的可能轻生自杀，行凶犯罪。那么挫折是怎样产生的呢?

挫折产生的原因一般可分为两类因素，即外在因素和内在因素。

1. 外在因素

又可分为实质环境与社会环境。

·实质环境。包括个人能力无法克服的自然环境的限制。严重的例如无法预料的天灾人祸，衰老疾病；轻微的如下雨无法去郊游等。

·社会环境。包括所有个人在社会生活中所遭受到的政治、经济、道德、宗教、风俗习惯等人为的限制。例如，因种族的不同，一对相爱的男女无法结婚；或由于考试制度的关系，一个具有特殊才能的人无法发挥其才能。

2. 内在因素

包括个人的生理条件与动机的冲突。

·个人的生理条件。指个人具有的智力、能力、容貌、身材以及生理上的缺陷疾病所带来的限制。如一个色盲者无法进医学院念书，或胜任某些特殊的工作。

·动机的冲突。指个人在日常生活中经常同时产生两个或两个以上的动机。假如这些并存的动机无法同时获得满足，而且互相对立或排斥，其中某一个动机获得满足，其他动机受到阻碍，则产生难于做出抉择的心理状态，称为动机的冲突。

正确认识挫折产生的原因，能帮助自己正确面对挫折，最终战胜挫折。

挫折是成功的伴侣

伟大的科学家爱因斯坦在小学读书时，同学们都骂他是“笨蛋”。有一天上手工课，老师从学生做的一大堆泥鸭子、布娃娃、蜡水果等作品中拿出一只很不像样的小木板凳，气愤地问：“你们谁见过这么糟糕的板凳？我想，世界上不会有比这更糟糕的凳子了。”爱因斯坦回答：“有的。”然后他从书桌里拿出两只更不像样的凳子说：“这是我第一次和第二次做的。现在交给老师的是第三次做的。它并不使人满意，但总比这两只强些吧！”

挫折和顺利，失败和成功，都是完整人生不可缺少的组成部分。它们之间，相反相成，互相转化。老子曾说“祸兮福之所倚”，顺利往往伴随挫折而来，成功常常在失败中诞生。无数事实证明，挫折和失败是成功之母。

十九世纪法国著名小说家莫泊桑初学写作时，把习作送给当时著名的作家福楼拜看。由于质量不高，福楼拜不客气地要他把它烧掉，并劝他踏踏实实地从学习观察社会的基本功做起。经过长期坚持不懈的努力，莫泊桑终于成为短篇小说大师。

罗曼·罗兰是法国著名作家、音乐学家、社会活动家。他把第一篇小说

《童年的恋爱》，送给当时一位权威批评家看时，也遭到否定。虽然他一时气得把原稿撕得粉碎，但他并没有灰心，继续坚持写作，终于成为世界闻名的大作家。

我国著名京剧表演艺术家盖叫天，为了表现武松的英姿，曾在眼皮中间撑两根火柴棒来练习眼睛睁圆。为了使腿部挺直，他走路时在腿弯处绑上两根削尖的竹筷子。不知经历了多少挫折和失败，不知品尝了多少辛酸苦辣，终于练成了舞台上的“活武松”。

挫折和失败，都是成功道路上不可或缺的伴侣。人，不经磨炼不成才；事，不历坎坷难成正果。一切挫折和失败，都为崛起提供了不可多得的思考和契机。一位作家说：“对苦难的一次承担，就是自我精神的一次壮大。”每一个有识之士、有志之士，都不应在挫折和失败面前逃遁、沉沦，而应在挫折和失败中崛起、抗争。在挫折和失败中自强不息，这是促使人的精神走向理性、走向成熟的条件之一。

挫折和失败不仅是人的生命中不可回避、必然出现的组成部分，而且，它的出现可能使人的生命更加绚丽多姿。人们常说，无限风光在险峰，动人的音乐多为悲凉的韵调。的确，生命似洪水奔流，若一马平川，水势必然平缓，只有遇到岛屿和暗礁，生命之水才能激起美丽的浪花。

亚伯拉罕·林肯的启示

失败时我们常常沮丧，成功时我们却很少庆祝。通过回忆人生各个阶段的每次成功，建立自信。你可以从五岁时第一次学会骑自行车开始写起。记住它们，让它们激励你，促进你，帮助你直面失败。

有个人的简历是这样的：

22岁 生意失败

23岁 竞选州议员失败

24岁 生意再次失败

25岁 当选州议员

26岁 情人去世

27岁 精神崩溃

29岁 竞选州议长失败

31岁 竞选选举人团失败

34岁 竞选国会议员失败

37岁 当选国会议员

46岁 竞选参议员失败

47岁 竞选副总统失败

49岁 竞选参议员再次失败

51岁 当选美国总统

这个人就是亚伯拉罕·林肯。许多人认为他是美国历史上最伟大的总统。的确，“失败”是个消极的字眼，它的声音都是消极的。除了“死亡”之外，没有别的字眼能比它更令人听而生畏。但是不可避免，我们每个人在人生的道路上，都会或多或少地遇到它，那究竟应该怎样去面对它呢？告诉自己：“我要成功！我真的很不错！”然后你会发现，在以前你认为自己不行的事情上，现在也可以做出很好的成绩来。

不要害怕失败，问题出现时，光去叫嚷、埋怨是没有用的，关键是要努力找出解决问题的方法来。而这个方法，最终只有一个人去完成，那就是你。

因为终有一天，你是要独立去面对自己的人生的！

急救疗法A：树立自信，完善自我

克服挫折心理关键在于提高对挫折的认识，正确对待挫折，先从心理上让自己强大起来，增强应对挫折的能力。

1. 挫折认知

挫折反应的性质及程度，主要取决于挫折认知。挫折一方面有可能使人失望、痛苦、忧郁、不安；但另一方面，挫折给人以教益和磨炼，使人变得聪明、坚强和成熟，促进心理过程的发展和提高。认知就决定了人对待挫折的态度，是陷入失望、痛苦，还是获得教益、磨炼。调整认知不是一件容易的事，必须坚持不懈。

2. 吸收挫折

在生活中，没有人有足够的情感和精力，既抗拒不可避免的事实，又创造一种新的生活。每个人只是在两者中选择其一。就像成功学大师戴尔·卡耐基所说的：我们应该像常青树一样学习怎样去适应，怎样弯下它们的枝条，怎样适应那些不可避免的情况，去学会吸收挫折，而不是去反抗生命中的不顺。

3. 树立自信心，调整个人抱负

要树立自信心，只有自信，才不会因为一时的失败而惊慌失措、一蹶不振。要调整个人抱负，使之与自己的实际情况相符，因为不切实际的生活目标容易使我们遭受挫折。我们既要注意不要盲目自信，自我评价过高，又要注意不能在经受较多失败经历之后，对成功不抱希望，自暴自弃、萎靡不振。要客观地分析自己的优势和劣势，接纳自己的现状，为自己制订切合实

际的目标，设定适当的抱负水平。在建立大目标的同时，把大目标分解为一个个可以实现的小目标，以这些小目标的实现来增强自己的成功体验，积累自信心。

4. 分析原因，完善自我

对由于挫折所产生的愤懑、仇恨、敌意、自责或悔恨等消极情绪，要积极调节，使自己较快地从挫折情绪中走出来。但是别忘了分析挫折原因，对自身的缺憾进行纠正，否则难免重蹈覆辙。

急救疗法B：意识疗法

人生的道路并不平坦，随时都可能遇到挫折和不幸，给人带来心理上的压力和痛苦。虽然我们不能避免所有的挫折和不幸，但我们却有办法去对付挫折，疏导压力。

美国加州理工学院的一位高材生培姬，平素聪明，开朗活泼，谈锋甚健。可在一次紧张的考试之后，她整天昏昏沉沉，连思考最简单的问题也感到困难，睡眠越来越差。她十分烦恼，骂自己是笨蛋，断定自己是脑子坏了，产生了厌世的情绪。

于是她来到了贝克教授主持的“心理门诊部”求治。贝克教授断定她是因挫折而引起忧郁症，便开了一张奇特的处方，要求她对照各种条目“每日三省”。

· 肯定一切或否定一切，把事物看成非黑即白，总是对自己失去信心。

· 不必要的类推。由于有过一次不顺心的经历，就认为会祸不单行。

· 戴上“有色眼镜”，只看到事物的消极部分，这样就会很快断定任何事情都是消极的。

·不自觉的自卑心理。常常有一个忧郁的假设，在支配你的思想。

·夸大和缩小。用放大镜看待自己的缺点，同时又缩小了对自己力量的估计。

·情绪推理。比如常常感到好像做了什么坏事似的，把自己的情绪当做自己做错事的证据。

·无所适从。这种思想的例子就是“我应当做这个”或者“我必须做那个”。你干一件事时所感到的内疚之情远远超过干这件事的动机。

·不准确的自我评价。有些人在碰到挫折时，也许会想，这是运气差而不是认为自己犯了一个错误。这种开脱是荒谬的，说明一个人不能准确地评价他所做的事情。

贝克教授向她建议，当心情不舒畅或难以自制时，首先要记录一下自己的消极思想，在纸上就消灭它，别让它在自己的头脑中作怪。

培姬发现，贝克教授列举的种种“心病”特征仿佛都与自己有关。她按照贝克教授的叮嘱，每天坚持对照，挫折心情果然渐趋消失。

意识疗法的主要精神就在于重新建立自尊，它使你有信心，把自己当成一个值得尊敬的朋友。

急救疗法C：呼吸调节法

呼吸调节法是指通过调整呼吸来使身体得到放松，进而缓解精神紧张。如深呼吸练习操，其程序如下：

·选择一个舒适的坐姿，闭上双眼，注意自己是用嘴还是用鼻呼吸及呼吸频率。

·注意身体的肌肉群，尽量放松。

·用鼻吸气，用嘴吐气，连续做几次平静的深呼吸。

·深吸一口气（可默数四下）、憋气（默数四下）、缓慢地用嘴吐气（默数八下），自然呼吸几次后，继续做深呼吸，如此反复进行十次。

·手掌置于腹部，自己能感到它的运动，将嘴做成“O”形，快吸气，短促喘气，进行十余次。

急救疗法D：情绪培养法

培养乐观豁达的良好情绪有助于消除受挫情绪，提高自信心，对抗精神压力。措施有：

·改变生活情趣，对周围事物感兴趣并具有积极的探求心理，培养多样化兴趣。

·不要老是担心自己的健康和疾病，不要过分自我注意、自我暗示自己有什么不适和疾病。

·培养积极向上的人生态度，树立正确的人生观。

·热爱自己的学习和自己的工作，以学习和工作为自己的第一生活乐趣。

·广交朋友、热情待人，遇到烦恼和心理矛盾时，主动找知心朋友谈心请求帮助，以及时得到安慰和心理支持。

·不要怨天尤人，牢骚满腹。

·遇事当机立断，不要为小事左思右想，要珍惜美好时光。

·在学习、工作和生活中人际关系要处理好，不要勾心斗角，要同舟共济。

·不要过分计较个人得失，宽宏大量，乐于助人。

还要记住，有痛苦和积怨，不要抑制自责，闷在心中，要善于转移和分散注意力，必要时可大哭一场，发泄内心积聚的能量，这样有助于情绪稳定。

案例急诊室

小军考试刚刚结束，他的心情很沉重，很难过。他想哭，似乎生活中的一切都没有想象中的那么美好。他甚至都不知道找什么借口来安慰自己。本来想等考试结束，好好放松一下，但他没有一点心情。为了这次考试，小军准备了很久，也认为准备得可以。可是，不知道为什么，考试的时候，做题的状态那么差。小军只想要求他应该得到的，他努力学习，总是要有优异成绩回报自己的付出吧，可是，根本没有。

小军对自己的能力和未来表示怀疑，感觉周围一切都像死灰一样，没有一丝生机，没有一丝希望。的确，追求是一个过程，必须有回报。的确，失败是成功之母，但成功也是成功之母，如果没有一丝成功怎么再去期望成功呢？怎么再有奋斗的动力呢？想想他的学校生活、他的考试成绩，他自卑、退缩，不敢相信自己了。

心理急救箱

症状：考试成绩的不理想使小军有一种挫败的感觉，进而怀疑自己的能力，对人生产生悲观失望的心理。

处方：小军首先要正确面对自己的考试成绩，查找没有考好的原因，总

结经验教训，重树信心，战胜内心对学习的恐惧，以积极的心态引导克服学习中的困难，提高学习成绩。

测试：你承受挫折能力强吗

阅读下列题目，做出适合你的选择：

1．公路上发生一起交通事故，警察控制了局势，你：

A. 停下来打听情况。

B. 设法帮助。

C. 继续走路。

2．就在你准备出去玩的时候，家里急需你留下，你：

A. 义无反顾地去玩。

B. 非常不情愿地留下来，且满腹牢骚。

C. 留下来，等有空的时候再去玩。

3．抱怨自己的健康情况，你：

A. 经常。

B. 有时。

C. 从不。

4．在大街上发现某人不省人事时，你：

A. 赶紧离去。

B. 设法帮助。

C. 找警察或叫医生。

5．当医生劝你注意休息，改变日常生活习惯时，你：

A. 不予理睬。

B. 减少日常活动。

C. 原原本本地接受。

6．很不幸，你在某件事上已失败两次，当别人劝你第三次努力时，你：

A. 拒绝。

B. 满腹狐疑地再试一次。

C. 先考虑一会儿，做一番研究，然后再做尝试。

7．书读到精彩部分时，也到了睡觉时间，特别是第二天学习还需要全力以赴地完成，你：

A. 接着读。

B. 匆匆浏览。

C. 立即合上书，躺下睡觉。

8．在某次聚会中，突然发现你的上衣或裤子破了，这时你：

A. 赶紧回家。

B. 极力掩饰。

C. 请朋友帮助，以摆脱困境。

9．当确认自己被跟踪时，你：

A. 撒腿就跑。

B. 停下来和别人说话。

C. 继续向前走，直到有人的地方。

10．当不幸将多年的积累丢得一干二净时，你：

A. 精神肉体受到极大打击。

B. 向朋友借钱。

C. 耸耸肩，重新开始。

【测验结果分析】

回答A得10分，B得5分，C得0分。

50～100分者：不是命运与你作对，而是你缺乏勇气。你应采取措施，使自己不要过分好奇、多疑或胆小怕事，勇于面对现实。

25～45分者：你能正视人生，应付自如，希望你能持之以恒。

0～20分者：能完美地处理各种问题，从不向困难折腰，你是命运的主人。

第9章

强迫：魔鬼暗示我必须这么做

反复检查门窗确保安全，碰到脏东西怕得病反复洗手以保持干净，洗手时一定要从指尖开始洗，连续不断洗到手腕，如果顺序反了或是中间被打断了就要重新开始洗，追求过高的目标，没完没了地加班，明知能力有限却硬着头皮去做……这一切表明，你得了强迫症！

关键词

自虐　工作狂　压迫狂　主观任性　烦乱不安　忧郁无助　急躁好胜　自控力弱　强迫思维　强迫心理　强迫行为　动作对抗　不自信　追求完美

己所不欲，强施于己

强迫症（OCD）属于强度心理障碍的一种类型，是一组以强迫心理和强迫行为为主要临床表现的心理疾病，其特点为有意识的强迫和反强迫并存，一些毫无意义甚至违背自己意愿的想法或冲动，反反复复侵入患者的日常生活。患者虽体验到这些想法或冲动是来源于自身，极力抵抗，但始终无法控制，二者强烈的冲突使其感到巨大的焦虑和痛苦，影响学习工作、人际交往甚至生活起居。

近年来统计数据提示强迫症的发病率正在不断攀升，有研究显示普通人群中强迫症的终身患病率为1%～2%，约2/3的患者在25岁前发病。强迫症因其起病早、病程迁延等特点，常对患者社会功能和生活质量造成极大影响，世界卫生组织（WHO）所做的全球疾病调查中发现，强迫症已成为15～44岁中青年人群中造成疾病负担最重的20种疾病之一。另外患者常出于种种考虑在起病之初未及时就医，一些怕脏、反复洗手的患者可能要在症状严重到无法正常生活后才来就诊，起病与初次就诊间可能相隔十年之久，无形中增加了治疗的难度，因此我们应当提高对强迫症的重视，早发现早治疗。

精神强迫症是一种神经官能症，简称强迫症，以反复出现强迫观念和强迫动作为基本特征的一类神经症性障碍。强迫症在精神科患者中占0.1%～0.46%，在一般人口中约占0.05%。该病多在30岁以前发病，男多于女，以脑力劳动者常见。某些强烈的精神因素作为起病诱因，强而不均衡型的人易患本病，其性格主观、任性、急躁、好胜、自制能力差，少数患者具有精神薄弱性格，自幼胆小怕事、怕犯错误、对自己的能力缺乏信心，遇事十分谨慎，反复思想，事后不断嘀咕并多次检查，总希望做到尽善尽美。在众人面前十分拘谨，容易发窘，对自己过分克制，要求严格，生活习惯较为呆板，墨守成规，兴趣和爱好不多，对现实生活中的具体事物注意不够，但对可能发生的事情特别关注，甚至早就为之担忧，工作认真负责，但主动性往往不足。

强迫症的患病原因

强迫症作为一种心理疾病，其发生机制非常复杂，具有相似症状的患者其心理机制可能千差万别。强迫症的病因，目前认为主要与心理、社会、个性等因素有关。

另外，近年来大量研究发现强迫症的发病可能存在一定遗传倾向，在神经-内分泌方面也存在功能紊乱，造成诸如5-羟色胺、多巴胺等神经递质失衡，无法正常发挥其生理功能。

1. 心理社会因素

现代社会竞争激烈，工作压力大，人们在竞争激烈的社会交往中出现的不适应现象，可引起强迫症状的产生。工作紧张、家庭不和睦及夫妻生活不尽如人意等可使患者长期紧张不安，最后诱发强迫症的出现，症状的内容与患者面临的心理社会因素的内容有一定的联系。意外事故、家人死亡及受到重大打击等也使患者焦虑不安、紧张、恐惧，诱发强迫症的产生，症状的表现形式与精神创伤有直接的联系。

2. 生化因素

有人认为强迫症患者5-HT能神经系统活动减弱导致强迫症产生，用增多5-HT生化递质的药物可治疗强迫症。

3. 遗传因素

家系调查发现，患者的父母中有5%～7%的人患有强迫症，远远较普通人群高。另外由于人格特征主要受遗传的影响，而人格特征又在强迫症的发病中起一定作用，故也提示强迫症与遗传有关。

强迫症患者的行为表现

许多研究表明，强迫症患者在首次发病时常遭遇过一些不良生活事件，如人际关系紧张、婚姻遇到考验、学习工作受挫等等。强迫症患者个性中或多或少存在追求完美、对自己和他人高标准严要求的倾向，有一部分患者病前即有强迫型人格，表现为过分谨小慎微、责任感过强、希望凡事都能尽善尽美，因而在处理不良生活事件时缺乏弹性，表现得难以适应。患者内心所经历的矛盾、焦虑最后只能通过强迫性的症状表达出来。

强迫症的基本症状是强迫观念和强迫动作，患者可仅有强迫观念或强迫动作，或既有强迫观念又有强迫动作。患者能充分地认识到这种强迫观念和强迫动作是不必要的，但却不能以主观意志加以控制。由于强迫症状的出现，患者可伴有明显不安和烦恼，但有强烈的求治欲望，自知力保持完整。

1. 强迫观念

表现为反复而持久的心理、观念、思想、印象或冲动念头。力图摆脱，但为摆脱不了而紧张烦恼、心烦意乱、焦虑不安和出现一些躯体症状。强迫观念可有下面几种表现形式：

· 强迫思想。强迫性怀疑，患者对已完成的事情总是放心不下，要反复多次检查确实无误后才能放下心来。如怀疑是否关好门窗、准备投寄的信是否已写好地址、煤气是否已关好等等，在怀疑的同时常伴有明显的焦虑。强迫性回忆，患者对过去的经历、往事等反复回忆，虽知毫无实际意义，但总是无法摆脱，因而感到厌烦之极。如回忆已讲过的话用词、语气是否恰当等。强迫联想，当患者听到、见到或想到某一事物时，就不由自主地联想起一些令人不愉快或不祥的情景，如见到有人抽烟就想到火灾。强迫性穷思竭虑，患者对一些毫无现实意义的问题，总是无休止地思考下去，尽管患者的逻辑推理正常，自知力也完整，也知道没有必要深究，但无法克制。

·强迫意向。患者在出现某种正常心理时常出现相反的违背自己的内心意愿，虽然这种相反的意愿十分强烈，但从不会付诸行动。如过马路时，想到冲向正在驶过的汽车等等。

·强迫情绪。患者对某些事物感到厌恶或担心，明知根本无必要却不能克制。例如，担心自己会伤害别人，担心自己会说错话，担心自己受到毒物的污染或细菌的侵袭等。

2. 强迫动作

又称强迫行为。即重复出现一些动作，自知不必要而又不能摆脱。

·强迫洗涤。常见有强迫洗手、洗衣等。

·强迫检查。是患者为减轻强迫怀疑引起的焦虑不安而采取的措施，如出门时反复检查门窗是否关好，寄信时反复检查信中的内容，看是否写错了字等等。

·强迫性仪式动作。患者总是做一些具有象征福祸凶吉的固定动作，试图以此来减轻或防止强迫观念所引起的焦虑不安，如以手拍胸部，以示可逢凶化吉等。

·强迫计数。患者见到某些具体对象（如电杆、台阶、汽车、牌照等）时，不可克制地计数，如不计数，患者就会感到焦虑不安。

强迫症状有时严重，有时减轻。当患者心情欠佳、傍晚、疲劳或体弱多病时较为严重。女性患者在月经期间，强迫症状可加重。而在患者心情愉快、精力旺盛或工作、学习紧张时，强迫症状可减轻。

通常病人深感焦虑，主观上力图强迫思维、动作对抗，结果反而愈演愈烈。部分病人性格有易焦虑、自信不足而又要求完美的特点，从而容易对日常生活事件发生强迫性质的心理反应。

大脑紧绷的弦何时才能松

精神紧张一般分为弱的、适度的和强的三种。人们需要适度的精神紧张，因为这是人们解决问题的必要条件。

但是过度的精神紧张，却不利于问题的解决。例如高考时年年都有考生晕场，就是由于临考前一段时间过多地考虑了考试成绩好坏对自己终生的影响，过重的精神负担必然造成这样的动机："我一定要考好，不然这一辈子就完了。"这种强动机势必造成过度精神紧张，妨碍大脑的正常思维活动，结果反而考不出好成绩，甚至晕场。

过度精神紧张还容易造成情绪消沉、悲观厌世、自我封闭。一个人如果长时间处于这种心理状态，发展下去就会导致一系列心因性疾病的发生，严重的可导致性格变态，少数人还会自杀。

有人曾说，在世界民族中，日本是一个喜欢自杀的民族。这与其社会竞争过于激烈，人们经常处于高度精神紧张之中是不无关系的。

美国有一项研究抽查了三个大学的962名学生，其中307名有过自杀的念头，42名企图自杀过，分析其原因是他们面对竞争的巨大心理压力，经常遭受挫折，长期精神紧张，因而萌生自杀念头。

在我国，据北京、天津、杭州等地的调查，有16%以上的大学生存在不同程度的心理障碍，其中精神方面的疾病比重最大。这与大学生心理负荷过重，理想与现实反差大，因而常产生挫折感、孤独感、自卑感有很大关系。

重重压力包裹下的现代人

压力也叫应激，这一概念最早于1936年由加拿大著名的生理心理学家汉斯·薛利提出。他认为压力是表现出某种特殊症状的一种状态。这种状态是由生理系统中因对刺激的反应所引发的非特定性变化所组成的。

压力产生于压力源。我们生活中所遇到的压力源可能存在于自身，也可能存在于环境中。自身的压力源也称内因性压力源，包括痛苦、疾病、罪恶感、不良自我概念等；环境的压力源也称外因性压力源，包括热、冷、噪声、灾害等刺激情境。但是，人类最主要的压力源是人，人际关系是造成压力的最主要来源。心理学家在研究中，把造成压力的各种生活事件做了分析，提出了以下几种压力源：

1. 职场带来的压力

现代社会节奏太快，工作任务繁重，奔忙于职场的人们承受着越来越大的压力。来自社会的挑战，来自老板的严苛要求，来自周围同行的竞争压力，让白领们成天生活在重重压力之中。他们怕落伍，怕被淘汰，为了能在职场中争得一席生存之地，拼命地努力工作，加班加点成了家常便饭。即使下班后、周末在家还在赶活，不知道休息是什么感觉。据统计，中国目前约有70%的白领处于亚健康状态。

2. 社会带来的压力

现今会造成压力的社会事件很多。比如，生活空间过度拥挤、经济衰退、社会安全欠佳、环境污染等。再比如性别角色变化——都市社会的女性，与男性承受着同样的评价标准及压力；而在家庭中，她们仍承担着传统女性角色的主要职责，职业与持家经常发生冲突。

随着时代的发展，精神病院的住院人数、婴儿死亡率、自杀率、酗酒致死率及心血管方面的患病率都有显著升高，说明社会压力问题越来越严重。这些问题不仅是科学技术上的问题，而且也是心理上的问题，要缓解社会给个人造成的压力，必须借助整个社会的共同努力。

3. 人际关系带来的压力

人际关系不协调是心理压力来源之一。

近年来，全球经济一体化导致公司组织全球化。不同国家、地区、文化背景的人士合作共事，摩擦愈加频繁，导致压力更趋沉重。公司结构扁平化也必然给员工造成压力，因为工作资历相仿的员工之间的竞争更趋激烈。同时，同事间工作联系更为紧密，角色经常交叉，容易产生冲突。

4. 日常生活困扰带来的压力

日常生活中的各种不同的小挫折是不可避免和难以预料的。比如，刚买了新车却老是返回厂家维修、电脑停电导致辛苦了一天的成果灰飞烟灭、刚买的漂亮新衣不小心沾上油污等等。它们会给人造成一定的心理压力。这些困扰单个看起来不算什么，可日积月累，对人的健康也有着很大的破坏作用。有学者做过一项实验，让100个人记录下他们在一年中所碰到的日常困扰，并时常检查身体状况。结果发现：日常困扰频率或强度高者，其身体和心理健康状况也较差。

5. 灾变事件带来的压力

灾变时间给人造成压力，是显而易见的。比如美国新奥尔良的飓风灾害，以及随之而来的城市骚乱，使数千人死亡、数十万人无家可归；死了的人暴尸街头或浮尸水中，活着的人却不得不眼睁睁地看着这样的惨状……他们所承受的压力是难以言喻的。因灾变事件而承受压力的，不仅是受害当事人。飓风事件中美国总统布什及其所领导的美国政府、救援人员、地区医院工作人员以及全世界所有通过传播媒体听闻事件的人，都会有压力，谁也不敢保证他们不会因此而做噩梦。

6. 压力的个人原因

个人心理状态与承受压力与否以及承受压力的程度有密切关系。

对同一个事件，比如同样是面对同事工作业绩拔尖这一事件，有的人因为对工作不感兴趣而不以为然；有的人因为有了学习的榜样而高兴；有的人却因为怕自己被挤掉或失宠而嫉妒、愤恨，倍感压力强大。所以说，调控个人心理状态对避免或缓解压力是十分重要的。

压力危害知多少

长期过重的不良压力，会对我们的生理、情绪、认知、行为等诸多方面造成危害。

1. 压力的情绪危害

不良压力事件会使人产生忧郁、恐惧、焦虑、不安、无助、沮丧、烦乱或自责等不良情绪。高度压力下，许多人会变得浮躁不安、暴躁易怒。比如下岗给人带来很大压力，下岗者很可能在家中或大街上上演暴力事件。

长期承受不良压力的人，忧郁症和其他心理病症的罹患率也比较高。

2. 压力的认知危害

不良压力会影响人的理解力、记忆力、注意力等认知能力，僵化人的思维，降低人的智力水平。比如学生的考试焦虑症，就是因为压力太大而出现大脑一片空白，原先记住的都想不起来，简单的问题也不会解答。

3. 压力的行为危害

不良压力之下，人们的行为很容易失控，即伤害了自己也伤害了别人。比如，很多学生在强大的学习压力之下，会出现频繁逃课、对人怀有敌意、对同学言行攻击、撒谎、离家、偷窃、自残等不理智行为。压力还会影响人的人际交往能力，如压力大的人常对人冷淡、容易与人起冲突等；会使人染上不良生活习惯，如有的人为了逃避压力而吸烟、酗酒、吸毒等；会使人形成一些强迫性行为。

4. 压力的生理危害

压力的生理危害有一个发展过程：在不良压力之下，人们首先出现警觉反应，全身各部位自然动员，进入警觉状态以抵抗压力；然后进入抵抗期，即人体不断自我调整，保持高度的生理兴奋，抵抗压力；最后进入衰退期，此时由于人长期、持续暴露于压力之下，身体抵抗能量耗尽，高血压、偏头痛、腰酸背痛、心脏疾病、胃肠疾病、月经失调、皮肤病等其中一个或多个问题开始出现。

5. 压力危害的个人差异

不良压力人人都会有，但有无危害或者危害是轻是重却因人而异。个人心理素质好，或者自我调适能力强，压力对其危害就可能小一些；反之，压力危害就会比较大。

如何预防强迫症的发生

强迫症重在预防，患者应当提高自己的心理素养，提高对强迫症的预防能力。

1. 性格的培养

强迫症产生和患者的性格有着很大的相关性，很多强迫症患者做事总是过于认真、要求过于刻板。尤其是对于父母本身性格不良的家庭，更应该注意患者的性格培养。

2. 增强心理素质

强迫症患者要求总是过于严格，一旦达不到理想的要求，患者的自信心就会受到很大的打击。患者应该注意心理卫生，努力学习对付各种压力的积极方法和技巧，增强自信，不回避困难，培养敢于承受艰苦和挫折的心理品质，是预防的关键。

3. 顺其自然、为所应为

强迫症患者总是过于执着，对于小事也喜欢琢磨，因此建议强迫症患者在思考问题时要学会容纳他人的意见、学会适应不断变化的社会环境。患者还应该学会享受每件事的过程，不要总是过分追求完美的结果，为所应为地去欣赏、体验快乐的过程。

4. 客观对待现实事物

强迫症患者应该对自己有个正确的评估和判断，不好高骛远，不过分追求精益求精，以减轻其不完美感。

5. 兴趣培养

当患者在强迫症症状发作时，家人、朋友对患者既不姑息迁就，也不矫枉过正，鼓励患者积极从事有益的文体活动，使其逐渐从强迫的情境中解脱出来。

急救疗法A：锻炼心志

强迫症并不是不可战胜的。应对强迫症第一要有心理准备，就是了解强迫症的感觉将要来，并且准备承受它，不要受到惊吓。第二是要接受它。

当有强迫症状时，不要浪费力气自责。你清楚症状来自何处，你知道如何应付它。不管强迫症状的内容是什么，不管那是暴力或性，你知道这些症状会在一天当中发生几百次。你不必每次都响应，好像那是一个无法预测的新想法。拒绝让它冲击你，拒绝让它打败你。靠着对强迫想法做心理准备，你可以马上确认出它且做再归因的工作。你同时可以做再评价的工作。当强迫症发生时，你已经做好心理准备了。

你将知道："那是我可笑的强迫想法，那是没有意义的，那只是我的脑部的障碍，不必注意它。你可以学习跳到下一个动作，不必停留在这个思维上。"下一步就是接受强迫症已经发生的结果，千万不要责怪自己意志力不坚，其实这都是脑部的不平衡所致，跟你无关。避免所有负面的、批评的想法，例如："有这种强迫想法的人，是多糟糕……"

有强迫症的人必须锻炼自己的心志，不要依照强迫性感觉思考去做。我们必须知道这些感受是一种误导。用一种逐渐但是温和的方式来改变对强迫症状的反应，并且试图与之对抗。我们从中学习到即使持续、强迫性的感受，都只是暂时的，只要不被影响它终将消失。当然我们也记得当我们向强迫症投降时，它会越来越强烈以致淹没我们。我们必须学习体认这些强迫性冲动来自何处，并且试着对抗它。经由对抗强迫症，我们增加了自信心，也经由肯定的坚持，改变脑部的生化，进而获得真正的自由！

急救疗法B：转移注意力

转移注意力是要将注意力从强迫症状上转移开，即使是几分钟也行。首先选择某些特定的行为来取代强迫性洗手或检查。任何有趣的、建设性的行动都可以。最好是从事自己爱好的活动，例如：散步、运动、听音乐、读书、玩计算机、玩篮球等。

当有强迫性思考时，你先确认那是强迫性思考或冲动，再归因那是源自你的疾病——强迫症，然后转移注意力去做其他的事。记住不要陷入习惯性的思考，必须告诉自己：“我的强迫症又犯了，我必须做其他的事情。”你可以决定不对强迫思考做反应，要做自己的主人，不要做强迫症的奴隶！

转移注意力来做其他的事是很重要的。不要期待这些想法或感觉可以马上走开。不要做强迫症要你做的事，你要坚持做自己选择的活动，如此强迫性冲动会因为你的延迟而减弱甚至消失。即使冲动很难改变，你还是会发现可以稍微控制你反应的动作。

运用全心的察觉与当个旁观者将会让你更有力量。此步骤的长期目标就是不要对强迫症反应。即时的目标就是反应前稍微延迟。你学习不要让强迫思考来决定你该如何做。

有时强迫性冲动太强烈了，以致你无法不进行强迫性行为。这时你要不

断提醒自己："不是我觉得手脏要洗手，而是强迫症在影响我。这次强迫症赢了，下次我会撑得更久再反应！"如此演练，即使最后进行了强迫行为，也包含了行为治疗的因素。

给对抗强迫性检查的朋友一个秘诀：假如你的困难是检查门锁，请试着专心、全心全意锁门。察觉内心兴起的锁门的冲动，然后仔细、缓慢地锁门，让这个动作深深地记在心中，例如："这个门现在已经锁上了，我看见门已经锁上了！"你得到一个深刻的印象就是门已经锁上了，所以当强迫性冲动要你去检查门锁时，你可以马上再确认，也就是：那是强迫性想法，那是强迫症！你可以再归因，也就是：那不是我，那只是我的脑部在作怪！你可以转移注意力做其他的事情，并且心中确认自己已经小心地锁上门了。

将成功地转移注意力的行为记录下来也是很重要的，因为你可以回溯去看何种行为对于你转移注意力最有帮助。当列出来的项目达到预期的效果时，可以帮助你建立信心。记录可以帮助你在强迫症状严重时"换挡"，并且训练自己记得过去曾做些什么。当成功的经验越多时，自己就越受到鼓励。

只记录成功的经验，而不记录失败的经验。你必须学习自己支持自己，给自己一些鼓励，这对自信心的增强有很大的帮助。

急救疗法C：呼吸法

呼吸能帮助摆脱失眠、焦虑与压力。为什么呢？因为人体有三个排除废物的管道，即肾脏、皮肤及肺，其中肺占八成功效，但仅被使用三成。

呼吸法中的呼吸是一种韵律式呼吸，国外研究显示，它能稳定脑波，能释放压力、提高免疫力、提高抗氧化酵素，能对抗身体因压力所产生的诸多不好的物质，如肾上腺皮质激素、血乳酸、低密度胆固醇等，并改善失眠、焦虑、忧郁等情况，甚至能将负面的情绪转化为正面。

下面介绍几种消除压力的呼吸法：

1. 化忧呼吸法（单鼻呼吸法）

以手指塞住一个鼻孔，以另一个鼻孔吸气5～7秒，屏息5～7秒，最后以口缓缓吐气10～14秒。如此循环5～10分钟。

2. 化怒呼吸法（垫趾呼吸法）

以鼻吸气7～10秒后，以足尖着地，脚跟离地屏息5～7秒，再以口吐气约10秒，同时脚跟缓缓着地。如此循环5～10分钟。

3. 化焦虑呼吸法

以鼻猛吸气，接着以口大吸气，然后大口吐气。如此循环5分钟。

4. 丹田呼气法（三呼一吸）

闭眼以放松全身，不拘立、坐或卧，以哈、哈、哈分次缓缓将气吐尽，然后缓缓吸气。如此循环调息，心静之后自然能以腹部吐纳。此呼吸法时间可以顺其自然。

5. 头脑呼吸法（口吸鼻吐法）

以口大量吸气，以鼻缓缓吐气，持续约5～7分钟。

6. 小睡呼吸法

以快速、大量自鼻孔吸气，以口慢吐如吐丝之方式，尽量悠闲吐气。如此循环调息至每分钟呼吸5～6次（正常呼吸每分钟约为18次）。如能自然睡着更好。

7. 化失眠呼吸法

数一时吸气，数二时吐气，吐至一半时，将余气吸入腹部，如此循环。久练必然有助睡眠。

8．单肺呼吸法

惯用右手者，高举右手五指指天，左手下垂握拳，以鼻吸气5～7秒，屏息5～7秒，如此循环5～10分钟。惯用左手者反之。

9．化疲劳呼吸法

以鼻吸气5～7秒，屏息5～7秒，再以口吐气至一半时，以口猛吸气至肺部后缓缓吐气，如此循环。

10．空气沐浴法（以心导气）

站立于清新空气之源口，闭眼想象头顶有一吸气口，以鼻吸气，想象空气自吸气口源源而进，屏息，想象这些新鲜空气循环由全身血管往下弥漫，吐气时想象所有的气自双腿而下，由脚底消失，如此循环10～20分钟。

11．净化呼吸法

首先坐在椅子上，闭眼，双手掌心向上分放在大腿上，按照先吸4秒、停6秒、呼6秒、再停2秒的顺序，慢慢练习；第二阶段则是双手打开、掌心向下、大拇指放在腋窝下，也是依第一阶段呼吸吐气法进行；第三阶段为双手掌心向下、大拇指压在后肩部，再依第一阶段呼吸法进行；第四阶段则是双手握拳，放在前胸，吸气时双手向上升，吐气时双手用力放下。如此重复数次。

急救疗法D：学会冥想

所谓的冥想，简单地说就是停止意识对外的一切活动，而达到“忘我之境”的一种心灵自律行为。这不是要消失意识，而是在意识十分清醒的状态下，让潜在意识的活动更加敏锐与活跃，进而与另一次元的宇宙意识波动相连接。

冥想是一种身体的放松和敏锐的警觉性相结合的状态，可以有效地克服和防治强迫症。每日练习的好处远不止你花在集中注意力的那几分钟。桑托雷利是建在乌斯特的马萨诸塞大学医学院的减压诊所的所长，她也是《自愈》的作者，她说："冥想是一种工具，通过练习，你会以新的方式认识到关于你和他人之间联系的可能性。"

在冥想中，你也可以培养用心的艺术或集中注意力，集中注意力可以改善你所做的几乎一切事情的质量。桑托雷利说："大多数时间我们处于现在或未来，但是快乐与亲近发生在现在。"

冥想既可以带来健康，也可以带给我们精神回报。作为一种精神实践，它已经存在了几千年，但是在二十世纪，西方的医学家才发现了它在生理上带来的众多好处。冥想通过以下方面来抵消压力带来的不利影响：降低呼吸频率、心率和血压，达到彭生定义的"放松反应"，生理作用可以抵制身体压力反应（也称为斗争或斗争反应）。随着不断放松，缓解肌肉紧张，血液中的压力荷尔蒙降低，免疫力提高，比小睡片刻的休息作用还大：冥想导致耗氧量的下降要多于睡眠的时候（耗氧是衡量你身体工作量的指标）。

下面的训练课程可以帮助你养成冥想的习惯。

第一个星期

·静静地以一个舒服姿势坐着，并闭上你的眼睛，完全放松你全身的肌肉，从脚逐渐到脸，使它们保持放松。

·用鼻子呼吸，注意每一次吸气和呼气，但不要刻意做深呼吸。在你呼气的同时，默念"一"。保持轻松的、自然的呼吸，持续10~20分钟。

·当你的思绪不可避免地游离时，慢慢地将你的注意力拉回到呼吸和重复念"一"上。

第二个星期

体验不同的形式。传统上冥想都伴随着坐姿，但是如果你无法保持静

止，你可以采取佛教徒的步行或冥想。慢慢地走，把注意力集中到你的脚接触地面的感觉上，并凝视你面前散落的足印。

如果你喜欢嘈杂而不喜欢宁静，播放一张录着自然环境的声音的音乐有助于你集中注意力，或者唱歌。你可以在冥想的时候重复唱一首简单的歌，也可以放一些CD，跟着唱。

第三个星期

租用或购买一些有指导性的关于冥想的音像制品。在这方面训练的很多杰出的学者和老师都录制了一些有助于你集中注意力的东西，有些基本的是指导你如何做，其他的则纯粹是身体练习，如呼吸或身体放松。很多磁带介绍三四种不同的方法让你尝试。戈尔曼博士根据《冥想的艺术》汇编了四种方法——呼吸、体验、散步和用心冥想。这是一种很好的方式，他帮助你找到最适合你的方式，让你更深刻地理解你自己和你的世界。到书店逛逛或者浏览相关图书网站，将使你获得很多新思想。

第四个星期

试着参加一个小组或班，在他人的陪伴下冥思是一种有效的体验。你的医生或许能够指导你加入一个小组，因为现在很多医疗机构把冥想当作一种减压的方式。即使你认为冥想主要是靠个人去做的，尝试一次集体体验也是值得的。

急救疗法E：渐进式放松法

渐进式放松法又叫做肌肉神经放松法，因为神经控制肌肉的收缩。这种放松法通常是先从身体的上半部分的肌肉开始，当某一个部位的肌肉放松后，再进行下一个部位的肌肉放松。一个个依序进行，渐渐地使全身的肌肉都放松下来。渐进式放松法可以帮助你有郊地防治强迫症，驱散焦虑，抵抗压力，增进身心健康。

肌肉放松法的要点，是有系统地将身体各部分的肌肉，通过先紧张后放松的练习，帮助我们注意并能分辨肌肉拉紧和放松的姿态、感觉。练习时有下面几个步骤：

1. 事先环境准备

找一个安静，不会受到打扰的地方。选择一个最舒服的坐姿。把衣服纽扣解开一些，让自己更轻松。

2. 事先心情准备

请你微微闭上眼睛，心情放松。在心里面告诉自己，接下来是一段属于我自己的时间，我要排除所有思绪，专心放松自己。

3. 正式练习步骤

手部的松紧：第一部先进行手部肌肉的练习，将手握成拳头状，尽量握紧、握紧，这时候可以感受到手有震动的现象。然后持续5~10秒，再把拳头缓缓地放开、放开、放开……让手部的肌肉尽量放松。在拳头握紧的时候，集中你的注意力去体验肌肉放松的感觉。再重复手部肌肉拉紧、放松的步骤两次。

手臂的松紧：双手紧握成拳头状态，然后双手及前臂向上弯曲，让手臂向上的肌肉出现紧张的状态，手腕尽量贴近肩膀，用力保持这种手臂拉紧的状态5~10秒钟，然后把双手慢慢放下来，把注意力集中在整个拉紧的和放松的感觉，松弛约10秒之后，再重复拉紧放松的步骤一次。

肩膀的松紧：用力使肩膀向上提，尽量让肩膀贴近耳朵，用力再用力，持续5~10秒之后，再让肩膀慢慢地自然垂下，尽量放松，松弛10秒之后，再

重复一次以上的步骤。

颈部的松紧：颈部的松紧分前后两部分，首先将头尽量往后仰，让后颈部的肌肉出现紧张的状态，持续5～10秒，然后让头缓缓回到正常、正中、自然的位置，让后颈部的肌肉慢慢放松。下一步练习前颈肌肉的松紧，把头尽量往胸部垂下，让下颚尽量接近胸前，持续紧张的状态5～10秒钟，再缓缓把头抬至正常、正中、自然的位置，感受松弛的感觉约10秒钟，再重复一次前后颈部松紧的步骤。

脸部的松紧：脸部肌肉分额头、眼部、牙关节、嘴唇和舌头五个部分。

额头：把眼、眉尽量往上抬，让额头的骨肉感到紧张的状态，再恢复原状，感受额头的放松。

眼部：用力把两眼紧紧地闭起来，可以感受到眼部肌肉的紧张，5～10秒后再慢慢放松。

牙关节：用力把牙关节咬紧，就可以感受到牙关节肌肉紧张的状态，5～10秒后再慢慢放松。

嘴唇：用力将上下嘴唇合在一起，就可以感受到嘴唇的紧张，5～10秒后再慢慢放松。

舌头：用力将舌尖顶上颚，5～10秒后再慢慢放松。

胸部的松紧：吸一大口气，使胸部和肺部尽量扩张，就可以使前胸的肌肉紧张。

腹部的松紧：将腹部向内收缩，即可感到腹部肌肉紧张。

背部的松紧：将两边肩膀向后压，胸部肌肉自然会向前挺起，而背部肌肉也会感到紧张。

腿部的松紧：先将双脚伸直抬高，离开地面，脚底尽量向下压，这样小腿的肌肉就会感到紧张，持续5～10秒后，再慢慢将双脚放到地上；再将双脚伸直抬高，离开地面，这次将脚底往上钩，持续5～10秒后，再放回地上。

此套肌肉松弛法每个部分的练习，要重复两次才能达到理想的效果，而且必须做完一个部分的练习后，再进行下一个部分的练习，一次专心做一个部分的放松就好，否则注意力很难集中。

做放松训练时应注意肌肉由紧张到放松要保持适当的节奏，与呼吸相协调。每一组肌肉的练习之间应有一个短暂的停顿。每次练习应从头至尾完整地完成。

刚刚开始练习的时候可能并不容易使肌肉达到深度放松，需要持之以恒，才会见到成效。一般可以每天练习1～2次，每次大约15分钟。

最后需要说明的是，在让自己的肌肉紧缩的时候，不要用太大的力到使自己不舒服的程度，这样反而违背了放松练习的原意。所以，适度地用力就好。如果练习到一半，被人打扰了，也不要生气或是气馁，在你有空的时候完成就可以了。如果觉得今天没有做放松练习的心情，先试着做几分钟看看。做了几分钟之后，若还是没有心情继续，没有关系，等到想练习的时候，再回来练习即可。千万不要因为缺了一次没有练习，就让自己的心情不好。

急救疗法F：应对压力，把握自己

不良压力危害人的生理和心理健康，威胁人生幸福，学会如何应对压力是一堂人生的必修课。有效调适压力，应从压力源和人本身两方面入手，主要包括以下几个方面的举措：

1. 减少压力源

学会说“不”，懂得量力而为，减少不必要的压力源，是避免压力过大的方法之一。不要让自己的神经绷得太紧，不要什么事都揽在自己身上，事

情越多压力就会越大。要学习自我肯定，适度表达与满足自己的需求，不要承担超过自己能力限度的任务。

另外还要注意：尽量避免外界不良环境压力源。比如尽量远离喧嚣与污染，多去环境优美、安逸的地方等；尽量安排好时间，不要让自己承受时间压力；保持营养均衡，少食咖啡、糖，多补充维生素B、维生素C等。

总之，要记得时常检查自己承受的压力状况，减少不必要的压力源，防患于未然。

2. 提高自我效能

所谓自我效能，是指个人对自己能力的判断，对自己获得成功的信念强弱。高自我效能的人，有信心应对压力，将压力视为挑战而非威胁。他们在遇到挫折的情况下，不会自暴自弃，能够自我解脱，重新来过。低自我效能的人可能会视压力为威胁而惊慌失措，很容易被压力打倒。据研究，自我效能影响人对压力的认知和应对策略，在个人压力应对历程中扮演非常重要的角色。所以，提升自我效能是十分必要的。

自我效能的高低与个人的经验、受教育水平等有关。努力学习技能、多增加正向经验、接受自己的缺点、学会自我欣赏与自我激励，可以提高自我效能。

3. 学习有效应对方式

压力应对方式可以分为以下几种：

· 逃避。即运用逃避问题、责怪他人或听天由命等方式逃避压力。例如找理由回避人际活动、大事在肩却整天看电视、重要的事不干专干些无关紧要的事、为躲避家庭压力而离家出走等等。

· 解决问题。直接采取行动以解决问题，包括评估压力情境、找出行动方案并积极采取行动。

・寻求支持。寻求他人支持，增强解决问题的能力。

・暂时搁置。不逃避压力，但也不解决问题，而是暂时置之不管，调整自己、积蓄力量。

・改变自我。从正向角度改变情绪与认知状态，增强解决问题的力量。

逃避的应对方式只是暂时躲开压力的威胁，但迟早还要面对，是不佳的消极的应对方式。后四种策略是积极有效的应对，可以收到好的结果。

简单地说，我们面对压力的反应有问题解决和情绪焦点两种取向。问题解决取向，将重点放在问题本身，在评估压力情境的基础上采取有效的行为措施直接解决问题、改变压力情境。情绪焦点取向，是控制个人在压力下的情绪，事先改变自己的感觉、想法，专注于缓解情绪冲击，不直接解决压力情境。哪种取向是最有利的呢？需要具体问题具体分析。如果压力之下个人情绪激动，根本无法想出解决问题之道，那就需要先采取调整情绪的应对方式，但调整过之后别忘了解决问题，否则可能越陷越深。

总之，我们要分析出自己的习惯反应，学习有效的应对策略，有效地减轻压力。

急救疗法G：缓解压力操

动作一：两手慢慢平伸，手握拳头，慢慢用力，包括上臂、前臂、拳头。慢慢用力，再用力，感觉肌肉的紧绷，达到自己可以承受的极致。然后慢慢放松，两手慢慢放下。

动作二：身体坐正，下巴往胸前压，两肩往后拉，然后往前压，再用力往后拉，用力，慢慢放松，动作要慢。

动作三：眉毛上扬，用力往上扬，用力，再用力，然后慢慢松开。

动作四：鼻子、嘴巴、眼睛用力往脸中间挤，慢慢用力，然后慢慢放松。

动作五：两嘴唇紧闭，咬紧牙齿，用力咬紧牙齿，慢慢用力，然后慢慢放松。

动作六：嘴巴张开，舌头抵住下齿龈，用力张开，用力抵住，用力，慢慢放松。

动作七：身体坐直，身体往后仰，用力往后仰，再用力，慢慢回复原来位置，慢慢做两个深呼吸。

动作八：身体坐直，两腿伸直，脚板往下压，用力伸直，再用力，慢慢放松。

急救疗法H：学习放松技巧

放松身体，可缓解压力之下的身心紧张。放松方法有很多种，下面列举一些，希望可以助你一臂之力。

1. 大笑

大笑可以使处于紧张状态的身体得到迅速的恢复，由于血压和心跳有所缓和，全身如同卸掉千斤重担，感到轻松。

2. 想象

借由想象你所喜爱的地方，如大海、高山等，放松大脑；把思绪集中在对想象物的“看、闻、听”上，并渐渐入境，由此达到放松精神的目的。

3. 打盹

学会在家中、办公室、停车场等一切可能的场合借机打盹，只需10分钟，就会使你精神振奋。

4. 按摩

紧闭双眼，用手指尖用力按摩前额和后脖颈处，有规则地向同一方向旋转；不要漫无目的地揉搓。

5. 呼吸

快速进行浅呼吸，为了更加放松，慢慢吸气，屏住气，然后呼气，每一个阶段各持续八拍。

6. 腹部呼吸

平躺在地板上，面朝上，身体自然放松，紧闭双目。呼气，把肺部的气全部呼出，腹部鼓出，然后紧缩腹部，吸气，最后放松，使腹部恢复原状。正常呼吸数分钟后，再重复此过程。

7. 洗浴解压

理想的洗澡水温大约是38℃～40℃，能增加血液循环，使人得到镇静，甚至能让身体发生某种生理变化，睡上一个好觉。为了提高热水澡的镇静作用，可以和身体的连续放松动作有机地结合起来。先完全让手松弛，轻轻地浮在水面上，接着想象这种松弛感上升到肘部，沿着手臂、肩膀和背部到头上，出现在感到紧张的部位。同时可以哼个小曲。

8. 发展兴趣

培养对各种活动的兴趣，并尽情去享受。

9. 伸展运动

伸展运动可以使全身肌肉得到放松，对消除紧张十分有益。

10. 放松反应

舒适地坐在安静的地方，紧闭双目，放松肌肉，默默地进行一呼一吸，以深呼吸为主。

11. 摆脱常规

经常试用不同的方法，做一些平日不常做的事，如双脚蹦着上下楼梯。

12. 超觉静坐法

在吃饭前做，每次大约10～20分钟。找一个宁静的地方，舒适地坐直，双手自然垂放在大腿两侧，然后轻轻地闭上眼睛，放松肌肉，可做几次深呼吸帮助入静。然后慢慢调整为正常呼吸，缓慢而自然，集中精神默念“宁静”或“爱”，吐气时重复默念。

急救疗法I：紧张情绪自我调适

当紧张的情绪反应已经出现时，有效的方法应该是：

第一，坦然面对和接受自己的紧张。

你应该想到自己的紧张是正常的，很多人在某种情境下可能比你更紧张。不要与这种不安的情绪对抗，而是体验它、接受它。要训练自己像局外人一样观察你害怕的心理，注意不要陷到里边去，不要让这种情绪完全控制住你：“如果我感到紧张，那我确实就是紧张，但是我不能因为紧张而无所作为。”此刻你甚至可以选择和你的紧张心理对话，问自己为什么这样紧张，自己所担心的最坏的结果是怎样的，这样你就做到了正视并接受这种紧张的情绪，坦然从容地应对，有条不紊地做自己该做的事情。

第二，做一些放松身心的活动。具体做法是：

选择一个空气清新、四周安静、光线柔和、不受打扰、可自如活动的地方，取一个自我感觉比较舒适的姿势，站、坐或躺下。

活动一下身体的一些大关节和肌肉，做的时候速度要均匀缓慢，动作不需要有一定的格式，只要感到关节放开、肌肉松弛就行了。

深呼吸，慢慢吸气，然后慢慢呼出，每当呼气的时候在心中默念“放松”。

将注意力集中到一些日常物品上。比如，看着一朵花、一点烛光或任何一件柔和美好的东西，细心观察它的细微之处。点燃一些香料，微微吸它散发的芳香。

闭上眼睛，着意去想象一些恬静美好的景物，如蓝色的海水、金黄色的沙滩、朵朵白云、高山流水等。

最简单的方法是，做一些与当前具体事项无关的自己比较喜爱的活动。比如游泳、洗热水澡、逛街购物、听音乐、看电视等。通过做这些事情来转移自己的注意力。

案例急诊室

柳旭：30岁咨询公司副总经理。

柳旭告诉记者，每到星期五，她就会觉得特别累，思想不集中，效率也低，整个人就像散了架一样，虽然表面在工作，但心情已经游离。柳小姐是咨询公司的骨干，每天的工作安排得满满的。各种会议、活动、计划，常常会让她“废寝忘食”。柳小姐调侃地说：“就当是减肥吧。”

柳小姐是个懂生活、知道劳逸结合的人，从周一到周四，她把全部精力都放在了工作上，并尽情享受工作带来的满足和充实。管理系硕士毕业的她，来这个公司已经三年了，从部门经理到最近刚提升到副总经理，都是她用自己的努力和拼命得来的。三年里，她工作的时候非常认真投入，但每逢节假日、周末，她玩起来也是同样认真和投入。用她的话说：“这是一个标准现代人的生活状态。”

但近来她失去了往日的轻松和潇洒。原因是随着职位的上升，紧跟而来的是更大的工作量、更高的工作难度、更紧张的工作节奏。渐渐地，她的休息时间在不断地缩水，而工作时间在不断延长。她感到自己的生活失去了平衡，性情和身体状况在不同程度上都受到了伤害。

尤其是到了星期五的下午，人经过了紧张的四天工作，想想紧跟而来的假期，实在是没有太大的激情和心情投入工作，但作为管理人员，柳小姐经常要强迫自己，不让这种情绪蔓延，更不能有所表现。久而久之，她感到自己得了“星期五工作压迫症”。每到周五，她会表现出莫名的烦躁、疲倦，易发怒，工作效率也极差，偶尔情况严重时，她甚至怀疑自己是否还有能力继续工作下去。

心理急救箱

症状：柳旭患的是工作强迫症，原因在于她工作压力大，而又不懂得自我调节，给自己强加压力，从而陷入自我强迫的恶性循环之中。

处方：放下压力，放松心情，给自己减压，注意适当休息，抽时间去郊外看看风景，与家人、朋友相聚、谈谈心，同时注意平衡饮食。

测试：你有强迫症吗

强迫症的发病与社会心理、个性、遗传及神经内分泌等因素有关，其中前两项是可以干预，防患于未然的。作为家长，应当为孩子构建一个稳定、安全、和谐的生活环境，不应苛求，生活处事可以更具弹性，注重相互间的沟通，促进其构建健全的人格。强迫症自我筛查：

· 你是否有愚蠢的、肮脏的或可怕的不必要的念头、想法或冲动？

· 你是否过度怕脏、怕细菌或怕化学物质？

· 你是否总是担忧忘记某些重要的事情，如房门没有锁、阀门没有关而出事？

· 你是否担忧自己会做出自己并不想做的攻击性行为或说出自己并不想说的攻击性言语？

· 你是否总是担忧自己会丢失重要的东西？

· 你是否有什么事必须重复做，或者有什么想法必须反复想从而获得放松？

· 你是否会过度洗澡或过度洗东西？

· 你是否做一件事必须重复检查多次方才放心？

· 你是否为了担忧攻击性语言或行为伤害别人而回避某些场合或个人？

· 你是否保留了许多你认为不能扔掉的没有用的东西？

【测验结果分析】

如果上述症状中有一条或一条以上症状持续存在，并困扰了您的生活，使您感到痛苦，那就别孤军奋战，请您咨询专业的医生，让医生帮助您一同战胜强迫症。

第10章

癔症：看我“癔”想怎样天开

说话颠三倒四，前言不搭后语；举止匪夷所思，令人惊讶不已；情绪剧烈起伏，哭笑无常；突然离家出走，不辞而别；模仿他人口吻讲话，喃喃自语；不由自主地将线往针尖上穿，将火柴杆倒过来擦，给人一种比憨还要憨的感觉！

关键词

歇斯底里　呆滞　健忘　冲动　精神异常　性格乖戾　情绪紊乱　胡思乱想　胡言乱语　胆小害怕　胡乱猜疑　行为失控　失明　失听　失语　闭门不出　不修边幅

癔症，心意病也

癔症一词的原有注释为“心意病也”，也称为歇斯底里，是一种较常见的神经病。

癔症又称歇斯底里症，是神经官能症中的一种类型。它是由心理-社会刺激引起的。其典型的症状是患者自己认为失去身体某部分的功能，而且也确实表现出身体某一部分功能的丧失。如有的人认为自己失明、失听、失语、肢瘫了，确实就表现出失明、失听、失语、肢瘫的症状。但各种检查又表明根本没有相应器官的损伤或病变。其症状轻重、持续时间长短与暗示相关联。

病人在病前常已有情感丰富，富于幻想，善于模仿，易受暗示，以自我为中心等人格特点。这类人常在某些心理-社会因素的刺激下或暗示下，突然出现短暂性精神异常或运动、感觉、植物神经、内脏方面的紊乱。这些症状可由暗示而产生，亦可通过暗示而使之消失。

癔症的第一次发作，绝大多数是在一定的精神刺激下，以后遇见类似的刺激，或在病人回想起这种刺激的情况下，也可以促使癔症再发。此外，癔症所出现的各种表现，不论是感觉障碍、运动障碍还是内脏病变等，其临床症状常是多变的，易通过暗示而改变病变表现的程度、范围，而且这些病变表现常不符合人的解剖生理上的特点或疾病的固有规律，而这些对于正确判断癔症是很有帮助的。

目前认为癔症患者多具有易受暗示、喜夸张、感情用事和高度自我中心等性格特点，常由精神因素或不良暗示引起发病。

癔症的患病原因

癔症多发病于16～30岁之间，女多于男。癔症的病因一般来说有以下几种：

1. 诱因

惊恐、被侮辱、委屈、不如意以及亲人的远离等造成的较强烈的精神创伤，往往是癔症第一次发病的诱因。至于以后的发病，不一定都有很强烈的精神因素。也可能由于与精神创伤有联系的事件，或在与第一次起病相类似的情景下产生联想而突然发病。

2. 躯体不适

有些患者可因躯体因素，如疼痛、发热、不适、劳累等，引起精神紧张和恐惧或精神不愉快而发病。

3. 暗示有致病作用

具有特殊意义的谈话、表情和传说，以及看见其他患者发病均可成为病因，即通过自身体验和联想，产生疑虑，深信自己会发病而发病，这是自我暗示的作用。患者易受暗示，是癔症性格所致。

4. 病人性格特征

精神因素和暗示的作用，是癔症发病的主要原因。但是，当人们受到精神因素的影响以及暗示的作用以后，为什么有的人保持健康，有的人就患了癔症呢？这与他们的性格不同有关。癔症患者的病前个性，是有强烈情感，缺少坚定理智，意志不稳定，幻想多，争强好胜，虚荣，情感不稳定，易冲动。

癔症的三大核心特征

癔症主要有以下三大核心特征：

1. 情感代替理智

癔症性格的人有高度的情感性，情绪反应强烈而不稳定，容易从一种情感转移为另一种情感，他们对人处事往往感情用事，整个精神活动均易受情感的影响而趋向极端。如对某人有好感时，觉得他十全十美，是世界上少有的好人，但当遇到一点小事时就立刻认为这人一无是处，是最大的恶棍。这就是癔症者的情感逻辑。其判断推理完全从当时的情感出发，情感有了变化，其判断推理也随之改变。

2. 暗示性强

他们的情感和行为极易受别人的言语和行为的暗示影响，尤其是当他对某人印象良好时，则该人的意见都会不加分析地盲目接受下来。他们的自我暗示也很强烈，以致各种身体不适感可作为自我暗示的基础。

3. 自我中心和好幻想

他们好夸耀自己，显示自己，乐于成为大家注意的中心，喜欢得到别人的赞扬。他们富于生动的幻想，特别是当情感反应强烈时，想象和现实常易混淆一起，以致有时连他们自己也弄不清楚到底是想象还是事实，因而给人造成他在说谎的印象。

癔症患者的行为表现

癔病患者可呈现各种不同的临床症状，如感觉和运动功能有障碍，内脏器官和植物神经功能失调以及精神异常。这类症状无器质性损害的基础，它可因暗示而产生，也可因暗示而改变或消失。癔病的病症一般表现为以下几个方面：

1. 感觉障碍

感觉缺失，患者对强烈的刺激只能轻微感觉，甚至完全没有感知，其特征是不按解剖部位分布，不能用神经病理学的知识加以解释。

感觉过敏，患者对局部的触摸特别敏感，非常轻微的触摸即感到疼痛异常。

感觉异常，患者感到咽喉部有异物或梗阻，好似球形物体在上下移动，但咽喉部检查却无异常发现。

视觉障碍，常见者为突然失明，也有弱视、视野向心性缩小，但眼底检查正常，双瞳孔对光反射良好，患者什么也看不见，但行走时可避开障碍物。

听觉障碍，在强烈的精神因素影响下，突然双耳失去听力，但来自背后的声音可引起瞬间反应，睡眠中可被叫醒，客观检查无阳性发现。

心因性疼痛，在受到精神刺激后出现的剧烈头痛、背痛或躯体其他部位的疼痛，但客观检查未发现相应的器质性病变。

2. 运动障碍

抽搐发作，常因心理因素引起。发作时常突然倒地，全身僵直，角弓反张；有时不规则抽动、呼吸急促，呼之不应；有时扯头发、撕衣服等，表情痛苦。一次发作可达数十分钟或数小时，随周围人的暗示而变化，发作可一日多次。

瘫痪，以单瘫或截瘫多见，有时可四肢瘫，起病较急，瘫痪程度可轻可重。轻者可活动但无力，重者完全不能活动。客观检查不符合神经损害特点，瘫痪肢体一般无肌肉萎缩，反射正常，无病理反射。少数治疗不当、瘫痪时间过久可见废用性萎缩；失音，患者保持不语，常用手势或书写表达自己的意见。客观检查，大脑、唇、舌、腭或声带均无器质性损害。

3. 躯体化障碍

以胃肠道症状为主，也可表现为泌尿系统或心血管系统症状。患者可出现腹部不适、反胃、腹胀、厌食、呕吐等症状，也可表现为尿频、尿急等症状，或表现为心动过速、气急等症状。

4. 精神障碍

一是情感爆发，患者在受精神刺激后突然出现以尽情发泄为特征的临床症状。号啕痛哭，又吵又闹，以极其夸张的姿态向人诉说所受的委屈和不快，甚至捶胸顿足，以头撞墙，或在地上打滚，但意识障碍不明显。发作持续时间的长短与周围环境有关。情感爆发是癔症患者最常见的精神障碍。

二是睡行症，发作时环境意识丧失，与外界脱离接触，说话时心情激动，话语难以理解。

三是遗忘症。

四是神游症，癔症性神游症，患者表现为离家出走，到处游荡；癔症性梦行症，睡中起床，开门外出或做一些动作之后又入睡。

五是多重人格症。

六是意识障碍，表现为意识蒙眬状态或昏睡，病人突然昏倒，呼之不应，推之不动；癔症性蒙眬状态，兴奋激动，情感丰富或有幻觉、错觉。

七是癔症性精神病，患者表现为情绪激昂，言语零乱，出现短暂幻觉、妄想，盲目奔跑或伤人毁物，一般历时3～5日即愈。

八是癔症性神鬼附体，常见于农村妇女，发作时意识范围狭窄，以死去多年的亲人或邻居的口气说话，或自称是某某神仙的化身，或称进入阴曹地府，说一些阴间的事情，与迷信、宗教或文化落后有关。

九是癔症性假性痴呆，表情幼稚，答非所问，或答案近似而不正确。

甚至还可以发生流行性癔病。即由于某些因素的影响，在短时间内，连续多人发生同类型的癔病。第一个发病者大多是在众人目睹下发病。由于对疾病不理解，众人产生恐惧、紧张心理，如怕患怪病、传染病、中毒或认为是神鬼作怪等等。在情境暗示和自我暗示基础上，相互影响而陆续发病。

急救疗法A：强化心理训练

癔症患者多接受能力较强，但是心理发育不成熟，幻想丰富，高度的自我为中心，对自己心理缺陷有所察觉，但是认识肤浅，不会自行克服纠正。因此，提高认知能力和自知力是重点的纠正措施。

情感丰富不稳定、热情而肤浅、心理不稳定、心理不成熟等心理缺陷，常使癔症患者在人生道路上动荡不安，遇到心理矛盾和压力，常可诱发多种身心疾病，甚至导致癔症大发作。而克服心理动荡不稳定，培育良好人格品质的较好方法是自我反省。

通常可采用写日记、记周记、自我反省、自我检查日常的心理行为的方法。重点是回顾检查自己的心理缺陷给个人和集体带来的危害，以及采取正

确的纠正方法后所带来的益处。可以由其好友或其信得过的领导负责审阅批改他们的书面记录，并给予启迪性评语建议，对他们微小的进步都要加以鼓励、肯定，以强化心理训练效果。

急救疗法B：通过自我暗示加以调节

暗示疗法对于治疗癔症是非常有效的措施，特别是用在急性起病的患者身上。通过言语的暗示，再配合适当的理疗、针刺或者是推拿，都能够取得很好的效果。

暗示疗法特别适用于急性起病的患者，可分为觉醒时暗示和催眠暗示两种。

患者迫切要求治疗者，在觉醒状态下，通过语言暗示，或配合适当理疗、针刺或推拿，即可取得良好效果。

病程较长、病因不甚明确的病例，往往需要借助药物或语言催眠疗法，消除心理阻力，从而取得较好效果。

患者要选择一个安静的环境，进行自我暗示，暗示病症已痊愈等等。在自我暗示的同时，最好自己能用双手按摩腿部或症状所在部位，注意力要高度集中，每天一次或数日一次，直至痊愈，最好一次成功。

暗示疗法对于癔症的治疗是一种很不错的方法。采用心理暗示疗法，可以有效调动自己的积极性，激发自己对生活的热情，坚定自己战胜疾病的信心。

急救疗法C：通过心理咨询加以调节

癔症作为一种特殊的精神病，它的出现危害了患者的身心健康。知道了什么是癔症后，了解到癔症的症状是什么后，大家要对癔症提高警觉性，多了解一些癔症治疗的知识，得了癔症应及时到正规的医院检查、治疗，以免耽误病情，错过治疗的最佳时机。

治疗过程中，治疗者首先应取得患者对他的信任，建立良好的医患关系，耐心聆听患者的陈述和发泄。治疗者通过指导、解释和保护，使病人对所患疾病有一个正确认识，消除对疾病的误解和不必要的紧张、恐惧，树立战胜疾病的勇气和信心，积极配合治疗。

患者首先要端正对疾病的认识，使自己了解癔症是高级神经系统机能失调的表现，发作时的状态都不过是大脑机能暂时的障碍，完全能够治好而且不会留下残疾。同时，要正确认识自己人格特征中的弱点，在医生的指导下，增强性格锻炼，努力改变自己个性上的弱点，提高应急能力。

急救疗法D：战胜癔症要靠好习惯

良好的生活习惯是战胜癔症的有效途径。癔症患者可以通过读书、运动、多参加社交活动等方式来改善心境，克服癔症。

1．勤读书

刻苦学习，勤于用脑，有助于克服心理不成熟缺陷。读书使人理智，有

利于克服癔症性格缺陷者的情感高度不稳定、情感战胜理智的缺陷。

2. 多运动

体育心理学研究证明，各项体育运动都需要较高的自我控制能力、坚定的信心、勇敢果断和坚忍刚毅的品质等作为基础。因此，有针对性地进行运动锻炼，是克服心理缺陷、培养健全人格的有效心理训练方法。

3. 良好的环境

养成良好的生活习惯，安排好生活，保证充分的睡眠、休息，建立良好的人际关系和安静的生活环境，避免过分强烈的刺激，对癔病的治疗同样重要。

其实，癔症自我治疗方法很简单，就是需要患者调节好自己的心态、改掉一些不良生活习惯等。除了上面所给出的相关介绍之外，关于癔症治疗和自我调节的更多详情，患者还可向这方面的专业人士求教，以便全面做好该病的预防和护理工作。

案例急诊室

某男，29岁，突然外出漫游52天，醒后不能回忆。

病人父母为其选好女友并写信催其回家见面成亲，但因工作紧张，领导未能准假。1992年2月5日，当再次向领导请假未准时，病人即觉愤怒、委屈，当即将家信撕毁，对领导说：“有人害我，老哥帮帮我。”第二天病人给领导下跪说：“如果不借钱给我做路费，我可能见不到父母最后一面。”因当日是阴历年初三，当地风俗认为这天讲不吉利话不好，故领导打了病人一个耳光。当晚11时，发现病人失踪。同年3月30日在重庆市火车站发现病人。病人当时满面污垢、衣服破烂、双下肢肿胀，不能认识同乡好友，带其回家后也不与亲人打招呼，情感反应平淡。两天后病人突然清醒，对自己在家中感到莫名其妙，对离开单位前及出走情况不能回忆。

心理急救箱

症状：该男子患的是分离性漫游症，也称为癔症性漫游症。癔症性漫游症是分离性癔症的一种特殊形式，常在急剧的精神刺激下发病。病人几乎总是从不顺心的住所出走，到外地旅行，旅行地点可能是以往熟悉和有情感意义的地方。此时病人意识范围缩小，但日常的基本生活（如饮食起居）能力和简单的社交接触（如购票、乘车、问路等）依然保持，他人看不出其言行外表有明显异常，历时几十分钟到几天，清醒之后对病中经过不能回忆或仅能片断回忆。

处方：病人患的是种急性癔症，可以通过向心理医生咨询，采用语言暗示、催眠暗示等方法治疗，再配合适当的饮食理疗，会取得较好的效果。

测试：你有癔症倾向吗

对下列各题做出“是”或者“否”的回答。

状态描述	是	否
1. 你的胃口不好，饭量很小。		
2. 你的喉咙里总好像有一块东西堵着似的。		
3. 你的手脚经常是冰凉的。		
4. 恶心和呕吐的毛病使你苦恼。		
5. 你发现你很难把注意力集中到一项工作上。		
6. 你经常睡得不好，容易惊醒。		
7. 你常觉得你的头很疼。		
8. 每星期至少有一两次，你突然觉得无缘无故地全身发热。		
9. 你时常感到悲观失望。		
10. 你常觉得头上好像有一根绷得紧紧的带子。		
11. 当你要做一件事的时候，你常发现你的手在发抖。		
12. 许多时候，你觉得浑身无力，很容易疲倦。		
13. 有时你十分烦躁，坐立不安。		
14. 对于有些人所做的事，虽然你认为是错的，但你仍然能够友好对待他们。		
15. 你的视力没有以前好了，才看一会儿书就觉得眼睛很累，头昏眼花。		
16. 你很容易生气，而且很长时间都不能平静下来。		
17. 你常感到心慌气短。		
18. 你走路时很难保持平衡。		
19. 你经常昏倒。		
20. 你很在乎别人对你有什么看法。		
21. 别人以不正当的手段捉弄你，使你不得不认输时，你并不痛恨他们。		
22. 在你一生中，你从来没有感到像现在这么糟糕。		
23. 你的行为几乎不受周围人的习惯所支配。		
24. 如果别人待你好，你会怀疑他们别有用心。		

续 表

状态描述	是	否
25. 看到血的时候，你既害怕又难受。		
26. 你经常有肌肉抽搐或者颤抖的毛病。		
27. 你常因为胸部痛或者心痛而感到苦恼。		
28. 你的身体不如你的大多数时候健康。		
29. 你有时真想骂人。		
30. 你现在学习的能力和从前相比差很多。		

【测验结果分析】

各题回答“是”记1分，回答“否”记0分。各题得分相加，统计得分。

0~9分，你比较正常，没有癔症倾向，或许是疲劳过度造成你身体某些部位的不适。要注意休息，保持轻松愉快的心情。

10~19分，你有比较严重的癔症倾向，你一定要注意调整你的心态，控制你的情绪，但也不必着急、烦恼，心理的调适是需要时间的，并非一两日就能见效，你需要耐心和毅力。

20~30分，你的癔症倾向非常严重，如无法自我控制，可求助于心理医生，在你的积极配合下，一定会取得很好的治疗效果。你需要战胜它的勇气和信心，相信健康会属于你的。

第11章

成瘾：爱好如吸毒，越爱越上瘾

喜欢收集女性的贴身物品？爱穿异性服装？一进商场就想买东西，买了一件又一件，即使自己不需要？每接触过一件东西就要洗手，肥皂打了三四遍，洗了一遍又一遍，还是觉得没洗干净？一天不上网就觉得难受，一打开网页就如痴如醉，流连忘返，乐此不疲？

关键词

恋物癖　异装癖　贪购症　购物狂　洁癖　网瘾　癖好　怪癖　行为怪异　荒诞不经　匪夷所思　不合常理　性冲动　性兴奋　性联想　男扮女装　女扮男装

成瘾，爱好成了癖好

成瘾行为是指成瘾后表现出的一系列心理、行为表现。一旦某一不良爱好成瘾，成瘾者会产生强烈的欣快感和满足感。

成瘾行为有两个重要的行为特征。第一，已成为成瘾者生命活动中的必需部分，产生强烈的心理、生理、社会性依赖。第二，一旦中止成瘾行为，将立即引起戒断症状。这种症状如空虚、无聊、无助、不安、嗜睡、流涎、绝望、寻死觅活等，是一组生理和心理综合改变。

成瘾行为的形成，大致都经历以下四个阶段：

· 诱导阶段。人与致瘾原偶尔接触，尝到甜头，如吸毒的欣快感、飘飘欲仙感、自我陶醉的成就感等。

· 形成阶段。在内外环境的共同作用下，行为不断重复，直到产生依赖。

· 巩固阶段。成瘾行为已经巩固，并整合为生命活动的一个部分。

· 衰竭阶段。成瘾者出现精神颓废、身体疲劳。

不同的致瘾原和不同类的成瘾行为，经历上述过程的表现各不相同，此外，同一类型的成瘾行为个体间表现的差异也很大。

当前成瘾行为已经越来越引起人们的关注，学者们也越来越重视这一领域的研究，他们对成瘾行为的原因进行了多方面、多层次、多维度的探索。成瘾行为的成因主要包括成瘾者的人格特征和社会因素两大方面。面对同样的致瘾原，并非所有人都成瘾。人群中有一部分被称为“易成瘾者”，他们具有从众心强、性格内向、意志力薄弱及争强好胜、易激怒等人格特征，这是促使其成瘾的内因。

恋物癖是怎么回事

恋物癖是指以性的标志物而不是性爱本身获得性满足的性心理障碍。

恋物癖有狭义和广义两种。狭义的主要指通过接触异性穿戴和使用的服装、饰品来唤起性的兴奋，获得性的满足。广义的恋物癖则是所恋的对象不仅仅包括异性穿戴的那些无生命的物品，而且还包括异性身体的某一部分，通过接触身体的某一部位获得性满足。

把某种物品作为性爱对象的替代物或象征物，这是相当广泛和常见的。现代的做法是常把心上人的照片带在身边，而过去则常常是收藏恋人的一缕青丝或一方手帕等，以此来慰藉自己的相思之情。每个人或多或少会有一些恋物行为，仅作为提高以正常方式获得性兴奋的一种手段，这种现象是那些性成熟者的一种正常的性心理反应，不能视为恋物癖。只有当所迷恋的物品成为性刺激的重要来源或达到满意的性反应的必备条件，或者作为激发性欲的惯用和偏爱的方式时才可诊断为恋物癖。

恋物癖被称为“特殊的收藏爱好者”。大多数为男性，以某些非生命物体作为性唤起及性满足的刺激物。恋物对象多为人体的延伸物，大部分是女性的贴身用品，如鞋、乳罩和紧身内裤等。有的对身体特定部位迷恋，即突出异性身上的非性感部分作为性活动对象以引起性兴奋，而把正常性行为置于次要地位或置之不顾。迷恋物的重要性因人而异，其特点是对女性躯体没有直接的兴趣或觉得性感，而对女性的某些物品有浓烈的兴趣和觉得性感。这类患者常偷窃女性的这些衣物，藏在自己箱内，有的多达几十甚至几百件。偷窃的目的是获得性满足，有时拿着异性的这些衣物，一边看，一边嗅，一边手淫，从而获得性的快感。

恋物癖是怎样形成的

恋物癖往往会影响正常性爱的质量，患者甚至对正常性爱不感兴趣，同时可能造成不良的社会认知，当然也是一种可以纠正的性心理障碍。年龄越小，纠正的难度越小。恋物癖患者接触所偏爱的物体时可以导致性兴奋甚至达到高潮，体验到性的快乐，因此他们采取各种手段甚至不惜冒险偷窃妇女用品并收藏起来，作为性兴奋的激发物。一般说来，他们对于未曾使用过的物品兴趣不大，往往喜欢用过的甚至是脏的东西，且一般并不试图接近物品的主人，对异性本身并无特殊的兴趣，一般不会出现攻击行为。

恋物癖患者的性格特征通常是内向、害羞的，具有轻度的焦虑与抑郁，在两性关系中往往扮演不成功的男性角色，内心冲突、压抑，引起强烈的焦虑，在潜意识中应用了间接作用这种心理防御机制将性冲动目标转移到女性用品上。所以，所恋物品的象征意义是导致恋物癖的主要原因。形成这种行为障碍的主要原因是患者多半还在青春期就受到性的强烈刺激，一般都是男性较易患病，然后容易产生性方面的幻想，在成年后患者会因为欲望而去收集异性的贴身物品，而最终通过这些物品去获得生理需要上的满足，有严重病情的人会因需要而去偷窃等。在症状比较轻微但确实处于病态的情况下，恋物癖患者可以自己设想出适当的治疗方法，如把迷恋物放在僻静的角落里，不让自己在进行房事时看见，这样就可以使自己不被迷恋物可能激发的偏离情绪所控制。

恋物癖的病因尚未明确，尽管有许多假说，但未能证实。有的学者认为这与下丘脑中枢神经介质分泌失调有关，一些研究发现恋物癖患者大脑侧叶的功能或男性激素存在异常的现象，但尚未被证实；也有人认为这是对异性肉体的原始欲望和渴求所致；比较肯定的一点是童年环境与性意识混乱对人格发展所起的阻碍作用导致恋物癖。一般认为恋物癖是条件反射作用的经验引起的。当性欲兴起和达到高潮的这种反射，可能由对某特殊物体或身体某部分的强烈情绪经验而引发，便可能形成恋物癖。

这些恋物癖好你有吗

恋物癖表现为反复以某种非生命性物品或异性躯体某部分作为性满足的刺激物，前者如女人的乳罩、内裤和卫生带等，后者如异性的头发、脚趾和腿等。具体来说：

反复出现使用无生命物体以满足强烈性冲动或性兴奋的联想。抚弄或嗅咬异性的贴身用物而引起性兴奋和达到性满足。有时也包括把异性身上非性感部位作为性活动对象以引起性兴奋和达到性满足，如足、头发等。所恋物件是性刺激的重要来源或获得性满足的基本条件。

常费很大精力去搜集所恋的物品，并将其珍藏起来。搜集的手段除买以外，更多的则是偷盗。在玩弄这些异性物品时，常发生手淫。

常常为发生这类性冲动或因这类性冲动而感到明显痛苦，产生自责和内疚感等等。但若得不到这些物品，便会产生焦虑不安的情绪。

恋物癖与异装癖的区别：异装癖者也追求异性服饰，但总是偷偷地或公开地穿戴起来才能引起性兴奋和达到性满足；而恋物癖者搜集异性物品目的不在穿戴或佩戴，而在于在抚弄和欣赏中获得性兴奋与性满足。

异装癖是怎么回事

异装癖也称易装症或异性装扮症，通俗说就是男扮女装，极少指女扮男装，指异性恋者反复出现穿戴异性服饰的强烈欲望，并付诸实施，通过穿戴异性服饰引起性的兴奋。多见于男性，若制止患者穿异性服饰会引起他强烈的不安情绪。此现象始于童年或青春期，开始偶尔穿一两件异性服装，以后逐渐增加异性服饰的件数，直至全部使用异性服饰。最心爱的异性服装最能引起患者性的兴奋。异装癖是一种通过穿戴与佩戴异性服饰而引起性兴奋和达到性满足的性心理障碍，是恋物癖的一种特殊形式，属于性偏好障碍。

在服饰变化日趋多样，年轻人追求服装个性的今天，奇装异服比比皆是，男装女性化、女装男性化也十分普遍，但只要不是以穿异性服装取得性兴奋、得到性满足的，就属正常的服装穿戴，不能算是异装癖。当以穿着异性服装以得到性满足的一种心理病态，反复出现穿戴异性装饰的强烈欲望并付诸实施，通过穿戴异性装饰来引起性兴奋，就是异装癖的表现了。

异装癖是怎样形成的

异装癖患者一般在5~14岁之间开始萌生异装兴趣，到了青春期就产生与异性装束有关的色情幻想。开始时一般在自己房间中穿异性服装，通过镜子自我欣赏。以后逐渐频繁起来，出现在公众场合，或穿异性服装入睡。先是部分异性服装，偶尔穿一两样女性服装，以后逐渐增加异性衣饰的件数直至全部使用异性装束。他们穿着异装时大多会体验到平静和舒适感，有的还有一种文雅和美丽的感觉。如果不穿或被制止穿异性服装，则会引起强烈的紧张不安的情绪。患者在穿异装后能引起性兴奋，最初是手淫时穿，以后则是性交时穿。多数患者结婚后，与妻子有性爱，少数患者后来转换成易性症患者。

1. 心理因素是异装癖的首要因素

有的患者对两性关系有一种惧怕和忧虑的心理。因此，有不少患者在不穿异性服装情况下性交出现明显的阳痿症状，而穿了异性服装则无此性功能障碍。这大概是异性装扮解除了患者潜意识中对性活动的忧虑情绪或罪恶感的结果。

2. 家庭环境的影响也是重要的原因

心理动力学认为，男子异装癖的形成中母亲的行为起了很大作用，母子关系受到干扰或侵犯的母亲易使男孩在这方面出问题。同样，一个有权威的、严厉的父亲也是导致女子异装癖的主要原因。患者在幼年时本身性别受到环境的影响，如父母本来想要个女孩，却偏偏生了个男孩，或者相反。为了填补心理上的缺憾，便把孩子打扮成异性并给予更多更大的关注和爱抚。有些父母总认为女孩子温顺听话、讲卫生，因此在日常生活中教育孩子时，总爱把男孩当女孩来对待，还常拿邻居家的女孩做榜样进行教育。或者相反，把女孩当男孩来教育，使孩子在儿童和青少年期缺乏正常的社会交往，养成异性化的气质性格。

一般来说，异装癖不会危害社会和他人，但其行为有伤风化，应有针对性地采取治疗措施，及时进行治疗。异装癖早年起病，在儿童或青少年期出现异装癖迹象时，要及时采取防范措施，鼓励他们积极参加集体活动，培养其自信心，以减轻对自己性别期望的压力。到了成年，应鼓励他们建立异性恋爱关系并结婚，在妻子的帮助下，其异常行为可望得到控制和纠正。

这些异装癖行为你有吗

异装癖患者主要是男性，表现为反复出现穿戴异性服饰的强烈欲望并付诸实施，穿戴异性服装可引起性兴奋。开始只私下穿着部分异性服装，后来发展为从假长发到假乳房的全身异性打扮。具体来说：

异性恋者穿戴异性服装时，伴随多次强烈的性幻想、性兴奋或性行为，但并不要求改变自身性别。穿着异性服装，不是特色文化背景与社会流行风尚所致，纯属个体特殊行为，主要是为了获得性的兴奋。

反复出现此种行为半年以上，行为受强烈欲望所使，行为的抑制可引起明显不安情绪，若穿异性服装受到干涉便会导致强烈的欲望不满。

这种性幻想、性兴奋和性行为导致个体在临床上表现出明显的苦恼，并对其社交、职业及其他重要领域的正常生活造成严重的损害。

异装癖与恋物癖的区别：恋物癖患者所迷恋的不仅是衣物穿戴，而且是把自己整个打扮成异性的模样。通常不止穿戴一种物品，为全套装备，包括假发和化妆品等等；异装癖患者则清楚地伴有性唤起，一旦达到性高潮，性唤起开始消退时，便强烈希望脱去异性服装。

贪购症是怎么回事

贪购症是一种个人心理的不正常状态。患贪购症的人对商品有一种病态的占有欲，面对琳琅满目的商品，经常会不假思索地掏腰包大肆购买，购买的同时会有占有的满足感与快感。如果患者硬是控制自己的欲望而不去购买，就会出现心理上的焦虑不安、身体上的不适，而且，勉强控制一次，只会使下一次购物更疯狂。但当理智占上风时，后悔和苦恼必然伴随而来。那些购物上瘾形成习惯而又苦于不能自拔的人，通常也被称为购物狂。他们总是在家中堆积自己用不上的所谓商场上的战利品，或因买不起自己想要的东西而失眠，甚至可能把人生的成就感建立在购物的行为上。

如此周而复始，自然影响心情与工作。虽然目前无论是在医学上还是在心理学上都暂未能具体界定，达至何种程度才算购物狂，不过此种俗称“购物狂”的病态消费模式，可能转化成为一种瘾，也就是贪购症，并最终一发不可收拾。

贪购症的患病原因

贪购症的病因在于，患者基本上都是属于那类工作压力大、平常找不到合适方式释放压力的人，尤其是经济条件比较好的年轻女性，她们有充足的收入来供自己狂购。很多年轻女性都想通过购物的方式来振奋自己，提高自尊心，释放压力。但是，结果往往事与愿违。狂购以后，行为人心里充满了羞愧感和负疚感，以及冲动控制失调的痛苦。

这种心理转换过程包括了一系列心理机制。患者先是经过了几天或是几星期的积累，购物冲动开始聚集起来，直到通过购物，或者买很昂贵的或不是特别需要的东西，来释放这种紧张感，狂购之后，行为人才能心情比较轻松地回家。在接下来的一段时间里欲望暂时被压抑，经过一段时间积累后，新的循环开始重复。患者则陷入苦不堪言的心理折磨之中，严重影响日常工作和生活。

心理学家发现，有必要在那些为了自娱自乐而反复购买某种物品的购物者与那些已经购物成癖的人群之间划出界限，对于后者必须进行心理治疗。

一个典型的购物癖患者至少每个星期都会进行一次疯狂的大采购，他们好像受到了强制一样，去买一些根本用不着的东西，事后又感到非常后悔。另外，这些人由于并不十分富有，所以经常会陷入财政困境。

这些人往往生活中有自卑感，希望通过购物来发泄某种压抑的情绪，或是用这些外在的物质刺激来填补内心的空虚，结果是，“他们只是在买东西的过程当中感到快乐，而物品一旦到手就失去了吸引他们的魅力”。

在这一消费群体看来，无论是什么样的事情，“去大肆采购一番，然后想尽办法把钱花光，心情也就好了”。似乎在不如意的时候，购物和大把地花钱是他们用来缓解压力、平衡情绪和宣泄无奈的最佳方式。

洁癖是怎么回事

所谓洁癖，是指在卫生方面极其讲究，尤其注意双手的卫生，每天要洗十几遍甚至几十遍，每次要打三四遍肥皂，每接触过一件东西，就得把手洗一次，不然就痛苦万分，什么事情都做不了。洗手时，先是使劲搓手，然后是手臂、胳膊肘，甚至肩膀，直至皮肤都变得绯红才肯放心。从外面一回家动不动就要大洗一番，自己的房间不让家人随便乱坐，也不欢迎朋友来访。患者不仅注意自己的手，还关注周围的其他人，例如别人去厕所后忘了洗手，或从外面回来没有洗手，又碰了什么文件和用具，他就对这些文件和用具特别紧张，不敢接触；和别人握手也很紧张；回到家里也不放松。时间一长，就严重影响工作和生活。自己明知道没有必要，可就是控制不住自己的行为。

像这样有洁癖的人在我们日常生活中是很多见的，他们整天都活得特别紧张，其生活目标就是讲究卫生，整天关注的就是病菌，而无暇顾及别的，没有什么业余爱好。

洁癖是怎样形成的

洁癖的发病原因与家庭、个体性格及生活经历有关。

首先，洁癖可能是由生活经历导致的。

即出身和家庭环境而产生的癖，有些洁癖者的父母特别是母亲，往往就是一个洁癖者，他们对子女的洁净有一种超乎寻常的要求。久而久之，就会使子女产生心理上的紧张感。于是渐渐地，孩子们不能容忍自己及其周围有那么一点点不干净的地方，哪怕那些不干净在别人眼里算不了什么。

其次，洁癖可能反映了一种自卑心理。

有些洁癖者由于某种原因感到很自卑，因而他们很担心自己因不整洁而被人看不起。有一位从农村考上了大学的女孩小芬，她常常因物质生活水平没有城市同学高，见识没有城市同学那么广，以及说话没有城市同学那么纯正而感到低人一等。有一次同屋的一个城市的女同学讽刺乡下人身上有一种难闻的味道，她听后就老担心自己身上会产生别人难以接受的味道，所以从此以后，她老是反复地洗澡洗衣服，最后竟成了洁癖者。

最后，洁癖可能是一种代偿行为。

所谓代偿行为，就是人在某种心理欲望得不到满足时，用它来替代获得满足的一种方式。文芳找了个大老板结了婚，但婚后两人感情并不融洽。丈夫由于业务繁忙长期在外，常常让她一个人空守闺房。后来她又发现丈夫与别的女性有不正当的关系，更让渴望真情挚爱的她心灰意冷。于是她整日地把时间花在反复的梳洗打扮上，一会儿照照镜子，一会儿又闻闻手，总觉得还不够洁净，于是又擦又洗。显然，文芳的洁癖背后隐藏着一种不能得到满足的心理欲求，她企图借外在洁净来增强自己的魅力，满足自己被爱的强烈心理需求。

由此可见，洁癖是当事者在其生活过程中，逐渐固定下来的行为模式。所以洁癖者要从上述分析中找出与自己有关的心理动因，对症下药而加以克服。此外，无论是何种原因导致的洁癖，当事人都应让自己明白，整洁干净自然是好，但凡事不能绝对。人的天性中应有一点儿对乱的宽容，这样才能保证自己心态与生活的稳定与正常。

网瘾是怎么回事

网络成瘾简称网瘾，是指因过度使用互联网而引起的明显的心理损伤的一种现象。又称因特网性心理障碍（简称IAD），临床上是指由于患者对互联网过度依赖而导致的一组心理异常症状以及伴随的一组生理性不适。它是由于长时间地使用计算机和进行网络互动，人的神经中枢持续处于高度兴奋状态，引起肾上腺素水平异常增高、交感神经过度兴奋、血压升高和植物神经功能紊乱。长此以往，可能会引起不同程度的生理疾病和心理依赖，而这些刺激往往只有在上网后才感觉得到缓解，导致进一步依赖网络，最终成瘾。

网络成瘾为无成瘾物质作用下的行为冲动失控，导致上网者学业失败、工作消极、婚姻不和谐等。

有人将网瘾比作潘多拉的盒子，打开了就不知啥时能合上。现代人对网络的依赖性越来越强，很多人和网络打交道的时间越来越长。据统计，目前世界上已有约两亿人“触网”，我国的网民也已经达到大约8700多万人。据最近的一项调查报告显示，在上网的人群中，因上网时间太长，有将近6%的人患上了所谓的网瘾。

网瘾是怎样形成的

正常上网者和网瘾者的区别在于，前者能自我控制、自我约束，不影响正常学习和正常生活，也不会流连忘返，不上网时也不出现戒断症状，情绪如旧。后者则对上网如痴如醉，不准上网便出现戒断症状。

现代心理学研究认为，网瘾形成机理如同烟瘾、酒瘾、毒瘾一样，同样是操作条件反射形成、巩固、习惯化的过程。上网是操作过程，网上尝到的甜头是强化物，多次强化后，便形成了网瘾操作性条件反射。瘾对人都有害，本身即是一种心理障碍和异常行为，需要诊断、治疗。随着上网时间的增长，会使大脑中的多巴胺水平升高，这种化学物质令上网者呈现短时间的高度兴奋，沉溺于网络的虚拟世界不能自拔，但之后的颓废感和沮丧却较前更为严重，初期只是表现为网络的精神依赖，渴望上网冲浪、玩游戏，之后就很容易发展为身体上的依赖，出现食欲不振、焦躁不安等，甚至会引发心血管疾病等各种疾患，造成人体免疫机能下降。

网络成瘾的原因是多方面的。一方面与网络传播的特点有关，网络传播的快速性、虚拟性、匿名性等使它比物理世界的人际传播更轻松。网络使

用者人格中的某些缺陷，使他们更易沉迷于网络。现实生活压力过大，导致一些人沉溺于网络，在虚拟空间里寻求安慰和减压。社会形态转型时期，生活中的未知变量太多，如工作上的失落、社会交往挫折、科技进步带来的伦理难题等，压力骤增，人们迫切需要一个宣泄减压的宽松环境。另一方面成瘾者的成长环境也是导致上网成瘾的一个主要原因。对于青少年而言，如果家长过分溺爱、事事包办代替，或是放任自流，都会刺激孩子自我意识的觉醒，要求摆脱束缚、自己做主。如果父母管教孩子的意见不一致，力量等于相互抵消。尤其是当父母关系紧张、家庭不和睦时，网络世界更是逃避现实的好去处。对于大学生而言，刚开始适应独立生活，缺乏自制力，或者不适应新的生活环境，对网络空间新鲜事物的迷恋，都可能将他们推到网络之中。

这些网瘾行为你有吗

网瘾患者的基本症状是上网时间失控，欲罢不能，可以不吃饭不睡觉，但是不能不上网。患者即使意识到问题的严重性，仍无法自控。常表现为情绪低落、头昏眼花、双手颤抖、疲乏无力、食欲不振等。具体来说：

1. 心理生理依赖表现

通常表现为上网时间每次都超过原来计划，上网后行为不能自制，精神极度亢奋并乐此不疲，只有通过长时间的上网才能激起兴奋来满足某种欲望，有时通过上网来逃避现实，并时常出现焦虑、忧郁、情绪波动、烦躁不安等现象。

2. 强令终止上网便会出现戒断症状

如感到空虚、无聊、烦躁、无助、不安、抑郁，或出现摔物、吵架、打人、寻死觅活等冲动行为，一旦又准其上网，则上述戒断症状全部消失，同时产生欣快感。

3. 时间界定

每个月上网时间超过144小时，即一天4小时以上。头脑中一直浮现和网络有关的事，无法控制上网冲动，只有不断增加上网时间才能满足心理需求。下线后继续想象上网情形。

4. 其他表现

出现隐瞒行为，不敢和亲人说明上网的时间，对家人或亲友隐瞒迷恋网络的程度。不上网时手指会不停地运动，严重时全身打战、痉挛、摔毁器物，对现实生活无兴趣，或将上网作为解脱痛苦的唯一方法。虽然上网后会很后悔，但还是忍不住要上网。

急救疗法A：恋物癖的矫正

恋物癖的矫正，可以采取以下方法：

1. 真正认识恋物癖

了解恋物癖产生的根源和形成的过程以及恋物癖的本质和特点，使其对自己的病症有一个正确的认识。认识到恋物癖主要是正常的性发育受到阻碍以及某些无关的物品与性兴奋连在一起形成条件反射而造成的，因而通过心理治疗也能使性发育得以正常并消除非正常的条件反射，从而积极配合医生，树立和增强治疗的毅力和信心。

2. 认识领悟疗法

先让患者回忆幼年生活经历，帮助他分析病源，告之他的行为是性心理

障碍，是某些原因造成的。童年的某些经历未得到正确引导，以性压抑的方式保存下来等等。逐步克服错误的性观念，形成对性问题的正确认识。

3. 默想敏感法

是在性幻想之后立即联想一件使自己感到厌恶的事情，如从高空跌下、呕吐或其他不愉快的体验，并将这二者联系起来，形成条件反射，在偷到女人用过的物品，进行抚摸产生性兴奋时，一种厌恶感油然而生，渐渐地放弃这种恋物行为，达到治疗的目的。

4. 厌恶疗法

用厌恶疗法自我控制搜集异性物品的欲望。如当当事人出现偷盗晾晒的异性物品的冲动时，立即闭上眼睛进行惩罚性的想象。回想过去因恋物而受的责备、处罚、唾骂，使想象产生的惩罚性刺激同偷盗异性物品的冲动结合起来，导致对这种冲动的惩罚性体验，从而抑制和消除这种异常的冲动。经过多次结合，就可以引起患者对所恋物品的拒绝。

5. 条件反射刺激法

也可把恋物行为与厌恶刺激结合起来建立新的厌恶性条件反射，以取代原有的恋物行为条件反射。如在异性物品上涂上苦味、辣味等刺激性极强的物质，以使嗅咬这些物品的反常恋物行为与厌恶体验结合起来而产生对恋物癖行为的厌恶感。

6. 负性实践疗法，使之产生负荷应激

即在玩弄搜集来的异性物品时，在自行规定的较长时间内不得停止玩弄，必须强迫自己不断重复这种随着欣赏时间的延长而变得越来越无聊的行为，使之产生精神负担和进行自我惩罚，从而使原先欣赏异性物品时伴有的欣慰情绪逐渐内化为厌倦情绪，以最终抑制恋物癖行为。

7. 脱敏疗法

在治疗后期当其恋物欲念基本消失后，要求他经常去女性用品专柜转一转，每周至少一次。这样，逐步达到见到这些用品没什么异样感觉的目的。

8. 社交疗法

改变内向、不爱社交的性格。一定要有矫正自己异常行为的坚定决心和信心，不要因为自己的行为难于纠正和易复发而自卑，要加强道德修养，主动参加有益身心健康的社交活动，少接触易引起性冲动和性挑逗的情境和物品，少看带有色情内容的文艺作品和影视节目。

急救疗法B：异装癖的矫正

异装癖的矫正，可以采取以下方法：

1. 早发现早治疗

异装癖早年发病，如在儿童和青少年阶段出现异装癖苗头时，要及时采取治疗措施，鼓励他们积极参加集体活动，培养其自信心，减少对自己性别期望的压力。这样可控制其发展，使异常行为有明显的改观。

2. 探因疗法

对成年患者，可引导他们回忆幼年的生活经历，寻找出自己患异装癖的早期成因，然后就其原因向患者进行分析解释，指出这是一种幼年时受到自己性别压力影响的表现，使患者对自己的病症及其危害有一个正确的认识，然后努力去控制纠正。

3. 认知疗法

易装癖的行为是多种多样的，但大多数患者一经别人提醒，会有羞耻

感，因此，唤起羞耻感是一种有效的手段。一般在看见患者穿异性服装时揭露其行为，然后开一个严肃的玩笑，使用心理学语言加以羞辱，使患者感到难堪，如此反复几次便可以改善甚至纠正其病态行为。

4. 婚姻弥补法

当患者成年时，建立异性恋爱关系并结婚，在配偶的帮助下，其异常行为可望得到控制和纠正。同时，性治疗也有一定的疗效。如有些患者有明显的性功能障碍、性能力低下，需靠穿异性服装来达到性兴奋和性高潮。结婚后，配偶可以在性活动时通过爱抚、接吻、热情鼓励等帮助患者减轻、消除焦虑情绪，减轻性交的压力，逐步克服性功能障碍，做到不穿异性服装也能达到性兴奋和高潮。

5. 厌恶疗法

当患者在着异性装扮的情况下，予以疼痛性的刺激或心理打击，使其解除异常行为。如当患者穿异性服装时便给予电击，使其感到疼痛，经过一段时间的治疗，患者的异常行为可消失。

急救疗法C：贪购症的矫正

贪购症的矫正，可以采取以下方法：

1. 清醒地认识压力，对待压力

对自己的日常工作等方面带来的压力有一个清醒的认识。正确对待自己的压力，并尽量找寻合适的途径予以释放，比如可以通过和朋友聊天、和亲近的人分担等方式。

2. 养成记账的习惯

将所买的东西统计一下，看看哪些是没用的或多余的并计算出你浪费金钱的数目和由此产生的利息或投资损失。

3. 用“改日再来”的延缓方针

在垂青某商品时，先不急于掏钱，而是暗示自己：“改天再来吧。”下次来时由于心情变化，购物欲可能下降。

4. 避免独自一人购物

独自一人上街，又有孤独感受时，常常经不住货主的劝说而掏了腰包。缓解的有效方法是：对可买可不买的商品狠狠地杀价，这势必造成碰壁或讨价还价之局面，而且砍价可使人不再孤独。

5. 尝试一些直接效果比较好的做法

比如，出门不要带太多的钱；每次出去购买日用品之前想清楚需要什么、不需要什么，必要时可以找一个同伴一块儿去购买，并请求同伴在自己有失控表现时予以帮助提醒。

6. 将自己的注意力集中到其他地方

每当产生购物欲望时，尽量转移自己的注意力，将精神分散到其他事情上去，淡忘购物。心中空虚、压抑、无聊时，最好的解决方法是去做些较激烈的体育运动，而不去逛街购物。

总之，克服贪购心理及贪购行为的关键之处，在于搞清楚购物欲望的背后有哪些心理问题，是否有对现实的不满和对自己的不满，是无法应对压力还是有其他什么原因。当一个人敢于面对问题并去解决问题时，心理才会平衡。

急救疗法D：洁癖的矫正

洁癖的矫正，可以采取以下方法：

1. 系统脱敏法

请患者把自己害怕的东西和场景、经常做的事情，从轻度到重度写出来，然后每天从最容易的事情入手控制自己的行为，如逐渐地减少洗手的次数和时间。让患者学会控制自己的行为，教导患者改变思维方式，做事情先顾全重要的事情，一切慢慢来，一步一步地走。

2. 认知疗法

认知疗法的主要做法：

事实根据：生活在卫生条件不如城里的乡下孩子身体更健康；适当地脏一下有助于提高免疫力；不经历风雨，无法见彩虹，温室的花朵更经不起考验；人只要在这个世界上，就不可能与外界环境隔绝，致病的病原体是始终存在的，人的免疫机能阻止疾病发作；频繁洗手、更衣对预防疾病没有太大的用处，大多数病原体用肥皂是杀不死的；过于紧张和焦虑反而降低人的免疫力，容易惹病；其他病没得，但强迫症也是一种严重的心理疾病。

洁癖所带来的危害超过益处。细菌是人类生活环境的必要组成部分，日常接触到的众多细菌对我们的生活与健康是有益的。如果不加选择地灭菌，就可能给那些抵抗力、适应性、侵袭力强的有害病菌开绿灯，破坏人体内及自然环境的微生物平衡，以致有害的超级细菌大量生存和繁殖。

3. 满灌疗法

让患者坐于房间内，请其好友或亲属当助手。患者全身放松，轻闭双眼，然后让助手在患者手上涂各种液体，如清水、墨水、米汤、油、染料等。在涂时，患者应尽量放松，而助手则尽力用言语形容手已很脏了。患者要尽量忍耐，直到不能忍耐时睁开眼睛看到底有多脏为止。助手在涂液体时应随机使用透明液体和不透明液体，随机使用清水和其他液体。这样，当患者一睁开眼时，会发现手并不脏，起码没有想象的那么脏，这对患者的思想是一个冲击，说明脏往往更多来自自己的意念，与实际情况并不相符。当患者发现手确实很脏时，洗手的冲动会大大增强，这时候，治疗助手一定要禁止他洗手，这是治疗的关键。患者会感到很痛苦，但要努力坚持住，助手在一旁应积极给予鼓励。

在这一关键时刻，助手的示范作用很大。助手可在自己手上也涂上液体，甚至更多更脏，并大声说出内心感受。由于二人有了相同的经历，在情感上就能得到沟通，对脏东西的认识也能逐渐接近。这时，患者要仔细体会焦虑的逐步消退感。

满灌疗法在刚开始时把人推向焦虑的顶峰，但随着练习次数的增加，焦虑会逐渐下降，强迫行为也会慢慢消退。

要对患者好的行为给予及时的表扬和奖励，以形成一种良好的心理暗示。如此进行，过不了多久，患者的洁癖自然就会慢慢消失，恢复正常生活。

相信像小敏这样接受高等教育、具有高学历的年轻人，在知晓自己的状况，对自己的心理障碍有了较为明白彻底的了解，对自己的状况有了正确的认知态度后，很快就会靠自己的努力从这种不良心理行为中恢复过来。

急救疗法E：网瘾的矫正

网瘾的矫正，可以采取以下方法：

1. 认识到戒网瘾的长期性

不能认为只要拔掉网线、关掉电脑就可以解决问题，其实并不是那么简单。对于那些上网已经成瘾的人，要想戒掉网瘾，往往需要一段痛苦的戒除过程，需要很大的决心和毅力才能实现。

2. 认知疗法

除了要充分认识到互联网的优势和危害，预防和避免自己沉迷网络外，还要认识到自己的行为已经扭曲，超过了正常使用网络的时间界限。在上网时间方面控制自己，不要把上网作为逃避现实生活问题或者消极情绪的工具。借网消愁愁更愁，当你下网的时候，问题仍然在那儿。

3. 系统脱敏

就是要有具体的行为校正措施，逐步减少并设定你的上网时间，如制定上网的时间表，每隔一段时间就休息几天；再比如用电脑使用限时技术，隔一段时间就提醒休息；强制自己做其他事情，发掘生活中其他有意义的事情。

4. 代替疗法

或称注意转移法，即找别的爱好替代上网。要多与人积极沟通、丰富业余生活，多参加社会活动，如外出参观、运动、旅游等，接触现实生活，培养更多网络外的爱好。

5. 戒除复发行为

一段时间后重新上瘾的可能仍然存在，而且反复率一般是很高的。非常需要强调的是，这种反复并不等于失败。因为尽管又有反复，毕竟上网行为终止了一段时间，和从未终止过有着本质的区别。所以作为治疗者，要在治疗之前就准备好治疗成功之后的反复。有了这种心理准备，就要采取措施，保证在相当一段时间内不放松已断瘾者的自我监控。

6. 其他可行疗法

在相反的时间上网：目的是打破其上网的习惯，建立新的使用网络的时间类型，将原来上网的时间错开。或上网之前先定目标，每次花两分钟想想你上网要干什么，把具体要完成的任务列在纸上，它可以为你省很多时间。

案例急诊室

小敏今年24岁，是一个很清爽的女孩，眉宇间略带忧郁。她的母亲年近六十，神情憔悴。据母亲介绍，小敏从小就很爱干净，后来逐渐发展为洁癖。

一次，女友约她去玩，临时介绍了一位朋友认识，握手之后，小敏便忍不住使劲地搓刚刚被别人握过的手，一直搓得双手绯红才停止，这让对方尴尬不已。渐渐地，她与朋友疏远了，朋友们也无法理解她的行为，离她而去。

后来，小敏以学习为由独自搬到舅舅家的一套空房里居住。搬去以后，小敏把空房彻底地收拾一新。母亲担心女儿，时常去看望她。但是每次母亲一走，小敏一定要大做清洁，碗筷煮了又煮，厕所冲了又冲，沙发套也是拆下来重新洗过，就连门柄也是擦了又擦，一边收拾还一边考虑有没有地方没顾及。做完屋内清洁，她自己也要彻底清洗，洗个澡，换洗一套衣服才能停止。

心理急救箱

症状：小敏患上了洁癖这种心理障碍，所以她的行为变得这样古怪，以致不能得到别人的理解，最终导致失去了朋友，又不愿和母亲交流。

处方：小敏应加强对洁癖的认识，意识到自己洁癖行为的危害，采取阶段性的措施，逐步减少洗手、洗碗等行为的次数，直到恢复到正常状态。

测试：你有成瘾倾向吗

为了明确你是否确实存在成瘾心理障碍，请你进行成瘾心理障碍综合诊断测验。你只需在下面的30个描述中，就是否符合自己的情况做出选择即可。

序号	情景描述	选项	
1	你是否无法控制自己上网或玩网络游戏的冲动？	是	否
2	你吃东西或者吃药是否有问题？	是	否
3	你喝酒或者吃药是否过量，是否失控？	是	否
4	你是否有暴食习惯，而且意识到自己吃的模式是不正常的？	是	否
5	你是否曾经对于喝酒后所做的事、所说的话第二天记不起来吗？	是	否
6	你是否主观上持续需求、不能减少或控制对药物的使用，花大量时间寻求所使用的药物？	是	否
7	你的赌搏行为是否严重影响生活和工作？	是	否
8	停止吸烟后你是否会引发焦躁、易怒、注意力不集中、饥饿等戒断症状？	是	否

续 表

序号	情景描述	选项	
9	你是否将上网或网络游戏作为解脱痛苦的唯一办法？	是	否
10	对你来说是否消极情感状态与紧张下对吸烟的需求更为强烈？	是	否
11	你是否曾经想戒酒，但又没能做到？	是	否
12	你是否对吸烟行为产生矛盾心理？	是	否
13	你是否在性活动之后感到羞耻、不安和空虚？	是	否
14	你是否将赌博作为解除烦恼逃避麻烦的手段，或将赌博作为排遣情绪困扰的手段？	是	否
15	饮酒是否常影响你正常生活、工作、学习和社交？	是	否
16	你是否因为长时迷恋网络而出现睡眠节律紊乱、倦怠、颤抖、视力减退、头痛、头晕、食欲不振等躯体症状？	是	否
17	你是否曾经在停止饮酒或减少喝酒后双手抖动？	是	否
18	你是否形成长期反复的吸烟习惯？	是	否
19	上网是否已经占据了你的身心，不断增加上网的时间和投入程度能使你感到满足？	是	否
20	你是否停用咖啡、茶等含咖啡因饮品后会出现精神萎靡、浑身困乏疲软等各种戒断症状？	是	否
21	停止服用药物后你是否有坐立不安、容易发脾气、失眠、头疼、食欲不振、焦躁或情绪波动、失眠等表现？	是	否
22	你是否对赌博行为难以自控，曾经不止一次希望戒掉赌瘾或洗手不干，但都不成功？	是	否
23	停止饮酒后你是否常出现焦虑不安、心悸、盗汗等戒断症状，恢复饮酒则这类症状迅速消失？	是	否
24	你是否连续或间断出现需要饮酒的强迫性体验？	是	否
25	对你来说，如果没有海洛因是否难以生存？	是	否
26	你是否难以控制开始与终止饮酒和控制酒量？	是	否
27	每当网络线路中断或由于其他原因不能上网时，你是否会感到焦躁不安和情绪低落？	是	否

续　表

序号	情景描述	选项	
28	不赌搏时你是否会出现坐立不安、容易发脾气、失眠、头疼、食欲不振、心慌、多汗等情况?	是	否
29	你是否对酒精有强烈的渴望?	是	否
30	你是不是觉得滥用药物正在夺走你的生命，而不是你在控制自己的生活?	是	否

【测验结果分析】

只要符合每项中其中的一项内容就答“是”，记5分，选“否”记0分。各题得分相加，统计总分。所得的总分就是你的成瘾行为障碍综合测验的总体得分。这个得分说明你的成瘾行为心理是否正常。分数的意义如下：

如果你的得分在90分以下，说明你成瘾心理上没有异常，不存在任何成瘾心理障碍。

如果你的得分是90~100分，说明你具备一些轻微成瘾心理障碍的特征，但只要平时自己注意，并不影响你的生活和工作。

如果你的得分在100分以上，说明你存在严重成瘾心理障碍，可能会影响你的生活与工作。建议你深入分析自己的心理问题，并在日常生活中注意矫正自己的心态，同时运用本章提供的方法进行矫正。

第12章

创造快乐心境的N个生活妙方

人生百态，万事万物不可能都顺心如意，烦恼之事与生活常相伴而生，也使得我们的心理问题丛生。消除心理困惑，需要我们与自己和解，与生活和解，从生活中寻求心理问题的解决之道。生活中有很多美好的事情，如读书、养花、钓鱼、旅游、与朋友相聚等等，都是滋润心灵的绝好妙方，不仅能排遣你的烦恼，还使你的人生更丰满，生活更加丰富多彩。

关键词

快乐　平淡　平和　淡定　宽容　遗忘　感恩　珍惜

妙方1：每天都有好心情

好心情是初为人父母的兴奋，是乔迁新居的喜悦，是“会当凌绝顶，一览众山小”的豪迈。

好心情就像是欢畅的小溪在茂密的大森林中歌唱，不管前方有多大的阻碍，她都会怀揣着激情去碰撞，搏击后的浪花高高地越过阻挡，被阳光照得晶莹透亮。

好心情会让阴雨连绵的日子出现阳光，会让枯萎的花朵重新滋润，会让你的事业锦上添花，会让你灿烂成花，欢歌如风……

别不相信，好心情有时能创造奇迹。就像庆典的夜空中绽放的礼花，随着一声炮响，它的美丽让人惊叹。

好心情可以伴你去飞翔，帮你鼓起勇气，树立信心，努力采撷生命中注定就该属于你的那份硕果。

有好心情，才有好人生。每天都有好心情，便能一生幸福。

妙方2：拥有好奇心

在孩子的眼中，一切都是美好的，身边的一切，小朋友、学校、教堂、爸妈等等都带给他幸福感，都让他快乐。这是一种单纯形态的幸福，是人们在生活中苦苦追寻的幸福无法比拟的。

孩子是我们学习的榜样，保持一颗童心，可以让我们返老还童。人一天天长大，往往会被世界的琐事烦扰不止，人越是成熟就越是复杂，因此童年时期的快乐心法是我们应该重新捡拾的。

虽然我们不能再回到童年，但我们可以经常回忆童年趣事，拜访青少年时期的朋友和同学、老师、母校。如果有机会还要去看一看童年玩耍的旧地，旧事重提，旧友相聚，那样我们才会重拾童真的快乐，重回纯洁无忌的开心时刻。

拥有一颗童心，就会像孩子一样快乐；拥有一颗童心，就会重拾童年时代的幸福。所以，我们说即使我们的年龄一天天变老了，我们的心灵也不能变老。

如果你真心希望你的人生能不断成长，那么就得有像孩童般的好奇心。孩童是最懂得欣赏神奇的了，因为那些神奇，能占据孩童的心灵。如果你不希望人生过得那么乏味，那就在生活中多带些好奇心；如果你有好奇心，那么便会发现生活中处处都有奥妙之处，你就能更好地发挥潜能。这是个环环相扣的道理，你有必要好好去研究，好好发挥你的好奇心，那么人生便是永无止境的学习，其中全是发现神奇的喜悦。

妙方3：赏花

赏花是对心灵进行心理按摩的好方法。

花草是美的象征，赏花的同时这种美也通过心灵的窗户被摄进了心灵深处。置身花木之中，以花为伴，与花交友，可使人心舒气爽，忘却心中不快，仿佛你的心中也会开出五彩鲜花来。

为了赏花之便，你不妨在阳台或室内育几株花，视为伙伴。心烦意乱

时，走到阳台上看看花、浇浇水，调整一下情绪；同时还可散步花园之中，以花为伴，观其千姿百态，赏其万缕馨香，心旷神怡，乐在其中。

遇到不如意的事时，摘摘枯黄的花叶，浇浇生菜或坐在葡萄架下品尝水果都可有效调整不良情绪。

妙方4：钓鱼

除少数人执着追求自己本职事业外，许多人都能培养自己的业余爱好。集邮、打球、钓鱼、玩牌、跳舞等都能使业余生活丰富多彩。每遇到心情不快时，完全可全身心一头扎到自己的爱好之中。许多人偏好钓鱼。

他们认为，钓鱼可以培养人的耐心和忍耐力。在河边一动不动，一坐就是半天，这本来就是一种修身养性的好方法。再加上钓鱼的地点往往是山明水秀的地方，人看看远处的山、近处的水，也是一种很好的享受。更不用说吃自己钓到的鱼是一件多么有成就感的事了。

妙方5：旅游

远离钢筋混凝土的城市，抽时间与自然进行交流。下决心独自一人在山上、海边或宁静的湖畔待上一整天，远离现代文明和舒适的度假地、宾馆和餐馆。你什么也不需要做，只需待在那儿，感觉这个地方是你自己的栖息地和家。坐下来，或悠闲地散步，全身心地接受你所看、所嗅、所感和所听到的东西。你会意识到你正在开始体验自己是其中一部分的宇宙的宁静、智慧和秩序。看看天空，想一想你可能看不到但却知道它们存在的星星和所有其他星球。像它们一样，你在这个广阔的宇宙中有自己的位置。你开始有一种将此处当作家的归属感，要有耐心。你的内心可能会发出微弱的声音，抱怨这样做是没有用的，是在浪费宝贵的时间，是幼稚、愚蠢的，也可能会说你目前有许多重要的事情要做，不能这样什么也不做。但是好好四处游逛，观察自然，好像你不知道自然是怎么回事似的。不管你内心发出什么声音，要迫使自己完成这个经历。如果你发现这是令人不快的，就坦然承认。你很可能会从中学习很多东西。

有时也不需要专门花钱精心策划整个旅游。找个周六周日的时间，骑着车子，与几个好友或妻子儿女一块到外面去玩。沿路有花，有草，那该有多美！一路上，可以唱歌，说说笑话，打打闹闹，将不愉快的事情和压力完全抛在脑后。相信你一定会得到无与伦比的乐趣。

妙方6：忙里偷闲

当今社会，生活节奏不断加快，时间似乎对每个人都不再留情面。于是，超负荷的工作给人造成不可避免的疾患。因为人们的生活起居没了规律，所以患职业病、情绪不稳、心理失衡甚至猝死等一系列情况时有发生，给人们生活、工作及心理上造成无形的压力。

这时，需要我们换一种心情，轻松一下，学会放下工作，试着做一些其他运动，以偷得片刻闲，消去心中烦闷。有一位网球运动员，每次比赛前别人都去好好睡一觉，然后去练球，他却一个人去打篮球。有人问他："为什么你不练网球？"他说："打篮球我没有丝毫压力，觉得十分愉快。"对于他来说，换一种心态，换一种运动方式，就是最好的休闲。

我们都有时间，并且可以试着改变自己。当我们下班赶着回家做家务时，不妨提前一站下车，花半小时，慢慢步行，到公园里走走。或者什么都不做，什么也不想，就是看看身边的景色，放松一下自己的心情，肯定会有意想不到的效果。

去海滨、名山休假不是每个人都能办到的，但学会忙里偷闲，片刻休息，则人人都能做到。

妙方7：制怒

你是否喜欢发怒？是否喜欢摔东西？你在摔东西的时候有什么感受？是否注意过这整个过程？

发怒了，忍无可忍，我摔，啊，痛快了！唉，又后悔了，我为什么要摔？愤怒从你的胸腔向上涌（只是感觉），涌到头顶，弥散到整个大脑，不舒服，向下传到手臂，手臂有些酸胀感，想用力，把这种不舒服的感觉释放出去。随意抓住身边的东西，折断、摔碎。唉，我怎么总控制不住，该怎么控制呢？

当你的手臂有酸胀或要发力的感觉时，你便可以控制，将你的手抬于耳侧，手指伸出，略有弯曲。保持此姿势，放松你的手臂，然后将手臂自然平放于桌上。

东西没有摔，好，但愤怒好像没有释放，长出几口气，忍下吧。学会心平气和是你控制愤怒最好的方法。当愤怒来临时，放松你的胸部和背部的肌肉，强行压住愤怒，时间长了，你会学会的。

妙方8：宽容

心理学家指出，宽容，对于改善人际关系和身心健康都是有益的，这种宽容，指的是对于子女或别人在生活、工作、学习中的过失、过错采取适当的“羞辱政策”，有效地防止事态扩大而加剧矛盾，避免产生严重后果。

大量事实证明，不会宽容别人，亦会殃及自身。苛求别人或苛求自己的人，必定处于紧张的心理状态之中。内心的矛盾冲突或情绪危机难于解除，极易导致机体内分泌功能失调，诸如使儿茶酚胺类物质——肾上腺素、去甲肾上腺素过量分泌，引起体内一系列劣性生理化学改变，造成血压升高、心跳加快、消化液分泌减少、胃肠功能紊乱等现象，并可伴有头昏脑涨、失眠多梦、乏力倦怠、食欲不振、心烦意乱等症候。紧张心理的刺激会影响内分泌功能，而内分泌功能的改变又会反过来增加人的紧张心理，形成恶性循环，损害身心健康。有的过激者甚至失去理智而酿成祸端，造成严重后果。而一旦宽恕别人之后，心理上便会经过一次巨大的转变和净化过程，使人际关系出现新的转机，诸多忧愁烦闷可得以避免或消除。

宽容，对人对己都可成为一种无需投资便能获得的“精神补品”。学会宽容不仅有益于身心健康，且对于赢得友谊，保持家庭和睦、婚姻美满，乃至获得事业的成功都是必要的。因此，在日常生活中，无论对子女、对配偶、对老人、对学生、对领导、对同事、对顾客、对病人……都要有一颗宽容的爱心。

妙方9：遗忘

要想活到老，遗忘不可少。

忘掉年龄，保持旺盛活力。人的生理年龄是客观的，但心理年龄则不同，它反映了人的精神状态。有人刚过花甲之年，就不断暗示自己老了。这种消极心理是健康长寿的大敌。人说，“人不思老，老将不至”，是有道理的。

忘掉怨恨，宽容对事对人。一个人种下怨恨的种子，就想报复，甚至千方百计琢磨报复的方法、时机，使人一生不得安宁。忘掉怨恨就心平气和，对长寿大有裨益。

忘掉悲痛，从伤心中解脱出来。如亲人遇到天灾人祸或死亡，常使人沉浸在悲痛之中不能自拔，时间过长即损害人的身心健康。因而遇到此类事时应想开一些，从中解脱出来。

忘掉气愤，想得开忘得快。人一想到令人气恼之事，容易急躁，气血堵塞，血压升高，心跳加快，甚至因气愤而死亡。因气而伤身害己代价太大了。

忘掉忧愁，减少病痛缠身。多愁善感难免疾病抬头，现代医学认为忧愁是抑郁症的主要根源。一生多愁善感会导致多种疾病缠身，最终让病魔夺去生命。

忘掉悔恨，过去的已过去。凡是使人后悔的事都随着岁月流逝而成历史，应该提得起，放得下，总去想追悔莫及的事情，日久，只能伤心伤神，不利于健康长寿。

忘掉疾病，减轻精神压力。人得了病多数被疾病的痛苦所困扰，总惦记身上的病，甚至担心日子不多，这样毫无益处。因为精神专注于病，会使免疫力下降，反而使疾病加重。得了病，泰然处之，从精神上战胜疾病。

忘掉名利，活得更加潇洒。名利是人们一生都追逐的，必须正确对待。尤其是老人，只有忘掉名利，知足常乐，做个乐天派，才能使人健康长寿。

妙方10：爱与温情

事实上，和谐的人际关系往往会带给我们许多乐趣。

任何负面的情绪在与爱接触后，就如冰雪遇上了阳光，很容易消融。如果现在有个人跟你发脾气，你只要始终对他施以爱心及温情，最后他便会自发改变先前的情绪。

福克斯说的好，只要你有足够的爱心，就可以成为全世界最有影响力的人。

爱情也有助于健康。心理学家和医学家认为，爱情是双方思想感情上的和谐，是心理活动上的一种相互补充，两情缱绻的幸福欢乐使这种心理转为生理上的效应，从而使双方体内分泌出一些有益于健康的物质。反之，互相嫌弃、讨厌，甚至敌视则会使人分泌出有害物质，损害健康。我国医学名著《素女经》说“男女不和则意动，意动则神劳，神劳而损寿”，正是这个道理。还有，唱歌吟诵，心宽大度，淡泊名利，都能使人健康。

妙方11：感恩

人要有一颗感恩的心。如果我们每个人以一种感恩的心情来看待身边的人和事，来看待这个世界，一定会觉得周围的人很可爱，这个世界很美好，我们自己也会得到回报，也会觉得很富有。

一切情绪之中最有威力的便是爱心。感恩也是一种爱，因而人们喜欢通过思想或行动，生动表达出自己的感恩之情，同时也好好珍惜上天赐给他的、人们给予他的、人生经历的。如果我们常心存感恩，生活就会过得再快乐不过了，常怀感恩，人生会充满芬芳。

我们感恩生活，生活将赐予我们灿烂的阳光；我们不感恩，只知一味地怨天尤人，最终可能一无所有！成功时，感恩的理由固然能找到许多；失败时，不感恩的借口却只需一个。殊不知，失败或不幸时更应该感恩生活。

感恩与不满是两种情感，它所关注、吸引的事物和形成的结果是不一样的。感恩的人关注吸引美好的事物——首先感激→关注美好事物→形成积极期望→涌现积极改善情感→形成积极有效行动→从而造成积极结果。相反，不满的人关注吸引不满的事——首先厌烦→关注不好的事物→形成消极期望→涌现消极改善情感→形成消极行动→从而造成消极的结果。这样，形成新的马太效应：感恩的人，越来越美好，越来越富有；而不满的人，越来越烦恼，越来越贫穷。把“恩”拆开，就是“因”和“心”，正因为有了一颗爱心，人们才会用真情温暖彼此的心。常怀感恩之心，会使我们心胸恬淡，胸怀宽广，促进和谐人际关系的建立，从而有助于事业的成功。

一个有智慧的人，不应该为自己没有的斤斤计较，也不应该一味索取和使自己的私欲膨胀。学会感恩，为自己已有的而感恩，感谢生活给我们的馈赠。这样我们才会有一个积极的人生观，总有健康的心态。

妙方12：淡定坦然

现实生活中有些人把“名利”二字看得很重，为了达到个人目的常常挖空心思，不择手段。其实名利犹如过眼云烟，生不带来死不带去，何苦把它看得那么重？淡泊名利，海阔天空。

生活，并不是只有功和利。尽管我们知道必须去奔波赚钱才可以生存，尽管我们知道生活中有许多无奈和烦恼，但是，只要我们拥有一颗淡泊之心，量力而行，坦然自若地去追求属于自己的真实，做到宠亦泰然、辱亦淡然，如日月清风一样来去不觉，那么，生活不是会轻松得多吗？

有了这份平淡的处世心态，我们就会在简简单单的生活中快乐地生活。当我们忙里偷闲与爱人、孩子一同去逛公园、去看场电影、去搞一次野炊时，我相信我们都会懂得，生活其实有很多内容。我们大可不必为了一个出国名额而彻夜不眠，大可不必为一次职位的晋升而寝食难安。在平日忙碌而充实的生活中，岗位平凡，但我们乐在其中；斗室而居，但衣食自足。我们普普通通如一棵草，平平凡凡如一朵花，但我们同样可以骄傲，默默绽放的花朵同样芳香怡人！

也许，我们没有辉煌的业绩可以炫耀，没有大把的钞票可以挥霍，但我们拥有淡泊，这便是人生求之不得的幸福了。诸葛亮有言：“非淡泊无以明志，非宁静无以致远。”淡泊是一种真我，是英雄本色。追求淡泊者，生活的道路会开满鲜花、芳香四溢；追求名利者，生活的道路可能会遍布陷阱，甚至只能在生命终结的一刹那才能体会到稍纵即逝的一丝快乐。

人生的大戏不可能永远处于高潮，平平淡淡才是真，拥有淡泊之心，便能拨云见日，体会到生活的真正内涵。否则，只能在生活的边缘徘徊，将时光埋没在空洞的追名逐利之中。

妙方13：珍惜拥有的

大哲学家叔本华也说过：“我们很少注意我们所拥有的，却总是想自己没有得到的，甚至是不可企及的。这种态度实在是世上令人遗憾的情形之一。它给人们精神带来的灾难恐怕足以和所有的战争、疾病相抗衡。”

古罗马的伊壁鸠鲁说：“谁不知足，谁就不会幸福，即使他是世界的主宰也不例外。”只要每天想想自己拥有的老天赐予的诸多恩惠，我们就应该抛却忧虑，意气风发地去迎接每一轮新的朝阳。

我们有家人，有朋友，有同学，有生活。我们拥有，也就必然会失去。过去的已经过去，现在的一切也终将成为过去，我们所能做的，只有珍惜现在的拥有，而不是沉湎于失去中。“塞翁失马，焉知非福”，也许我们正在失去的，是现在短暂的欢乐，也正是未来长久的痛苦。习惯失去，珍惜拥有，不论是曾经、现在，还是未来。拥有的时候百倍珍惜，失去的时候，我们才能无怨无悔，因为我们为之努力过。

妙方14：交友、谈心

俗话说一个好汉三个帮，人在失意或受到挫折时，最需要朋友的关照和帮助。闷着不说会闷出病来，有了苦闷应学会向人倾诉。此时，你可走出家门，找自己的知心朋友谈谈心，一吐心中的不快，在善意的劝导、热心的安慰下，使精神的痛苦得以消除。当然这就需要先学会广交朋友。如果经常防范着别人的侵害而不交朋友，也就无愉快可谈。没有朋友的话，不仅遇到难事无人相助，也无法找到可一吐为快的对象。能把心中的苦处和盘倒给知心人并能得到安慰甚至计谋的人，心胸自然会像打开了扇门般开阔。即使面对不是很知心的人，学会把心中的委屈不软不硬地倾诉给他，也常能收到心境立即阴转晴之效。

生活和工作中难免会遇到令人不愉快和烦闷的事情，如果有好友听你诉说苦闷，那么压抑的心境就可能得到缓解或减轻，失去平衡的心理可以恢复正常，并且得到来自朋友的情感支持和理解，获得新的思考，增强战胜困难的信心。

妙方15：做你热爱的工作

有时候不要牵强，因为有些东西如果你去追还是追得回来的。

林甜甜本来是教师，她毕业的学校就是师范大学，可是她就是不喜欢当教师，因为她觉得她的表达能力实在是欠缺，每次听到底下的学生在窃笑，她就以为是自己的课程教得不好，这使她的自信心受到极大打击。其实富有艺术才华的她，在中学时代就酷爱美术，并且她的画还获过奖。因为美术可以让她用笔去表达，而不是用口。在一位朋友的劝说下，她跳槽了，当然她跳槽之前也做了很多准备工作，比如去学了CAD及其他一些她觉得必须掌握的东西。在另一位朋友的介绍下，她进了一家广告公司，现在她已经升任制作部经理，并且还是公司的股东之一。四年的时间让她有了一种脱胎换骨的感觉。

所以为什么不去寻找你所需要的工作呢？有时候一份你热爱的工作会为

你带来自信、魅力、快乐，当然还有财富（精神上的和物质上的）。

虽然成功的感觉十分美好，而且像林甜甜那样的成功还伴随着金钱上的回报，但是能够做你梦想的事业才是真正的意义所在。

妙方16：只跟自己比，不和别人比

攀比是一把刺向自己心灵深处的利剑，对人对己毫无益处。其实人比人并不会气死人，如果可以客观地比较的话，结果肯定是比上不足、比下有余，对于任何一个人来说，都是如此。而会气死人的原因是拿自己的缺点跟别人的优点比较，却忽略了自己的优点，他们把比别人差的地方看得很重，比别人好的地方看得很普通，甚至忽略看不到。有人会说，人怎么可以跟比自己差的人比呢？要比，当然是跟比自己好的人比了。这句话听起来是很积极的，好像是在向好的方面学习，能看到不足，然后加以改善，不好吗？当然，如果是这样的心态的话，当然是很好，但问题是，往往自己看到别人好的地方之后，并不是开始好好努力学习，而是不断地埋怨自己，甚至认为自己一无是处。

与别人比并不要紧，看到别人的优点可以去学习，但是这不应该是自卑和烦恼的理由。事实上，为与人攀比而生气的人，往往是因为自身的性格和心理上的问题，使自己产生了自卑的心理。人比人是不是气死人，就看我们怎么比，看我们能否调正自己的心态。

不要和别人攀比，他们有他们的生活，我们有我们的目标，幸福的形式是多样的，鞋子合不合脚，只有穿鞋的人知道，别人都是毫不知情的旁观者而已。同样的道理，别人的痛苦我们感受不到，我们看到的别人所谓的幸福极可能只是一种假想：一个住别墅的商人可能欠债百万，一个开奔驰跑车的企业家可能已经濒临破产，一对手挽手走进饭店的夫妻可能刚刚协议离婚……所以不要把自己的幸福定位在别人身上，实实在在地过自己的日子吧！

妙方17：与家人一起度过

家是社会的最小细胞，是我们整个生活的基础，是我们风雨相依的世界。温暖和谐的家是家庭成员快乐的源泉，是事业成功的保证。

常年奔波于都市中、一心扑在工作上的我们，和浪迹天涯的人相比，只是多了一个物质的外壳。我们常常把物质上的追求和享受叫做家，但它并不总是使我们感到心灵安宁的地方。

只有家庭才能给我们带来真正的归宿感，带给我们幸福、安全、温暖、温情。家是一个感情的港湾，是一个灵魂的栖息地，是一个精神的乐园。“家”就是我们和家人在一起的情感的全部，而房屋等物质全部可成为“庭”，就这个概念来说，后者又是微不足道的补充。

什么是幸福？开名车？住豪宅？拥有耀眼的地位？获得炫目的名利？也许在一些年轻人眼中的确如此。然而，在已为人父母的人眼里，所谓奢侈，就是与家人一起度过愉快的时光。

匆匆忙碌的你，有多久没有和家人一起度过？不要把所有的精力都放在工作上，经常抽时间和家人在一起，和父母唠唠嗑，陪爱人谈谈心，跟孩子说说话，时不时开展一些娱乐活动，活跃家庭气氛，丰富家庭生活，拉近老幼关系，增加相互情感。亲人之间的友爱、关怀，可以驱散你精神上的压力，排解你内心的烦恼，让你有更饱满的精神投入生活。

妙方18：关心周围的人、事、物

假如你对某些人、事、物很关心的话，你对生命的看法一定会大大地改观。如果你只为自己活，相信你的生命就会变得很狭隘，处处受到局限。以自我为中心的人也许会不断地进步，但是却永远不易感到满足。

那么你应该关心什么，关心谁呢？张开眼睛想一想，我们虽然平凡，至少可以帮助学童上下学，为病人念念书，到老人院打打杂，甚至把四周环境打扫干净……只要付出一点点，你就会快乐些。心理学家艾力逊曾经说过："只顾自己的人结果会变成自己的奴隶！"可是关怀别人的人，不但能对社会有所贡献，而且可以避免只顾自己而过着枯燥乏味、毫无情趣的生活。

结语

心病不要乱求医：必要时如何寻求心理医生帮助

“求医不如求己”，我们强调心理疾病要靠自己来克服和战胜，但也并不完全排除心理咨询机构和心理医生的作用。事实上，它们可以作为医治我们心理疾病的必要的补充。必要时借助心理医生的帮助，可以缩短治疗时间，获得更好的效果。当心理疾病较严重仅靠自我努力难见成效时，就更要寻医问药，以免耽误造成不良后果。

心理咨询是怎么一回事儿

心理咨询是运用心理学的知识、理论和技术，通过咨询者与求询者的协商、交谈和指导过程，提供可行性建议，针对正常人及轻度心理障碍者的各种适应和发展问题，帮助求询者进行探讨和研究，从而达到使患者自立自强、增进健康水平和提高生活质量的目的。

实践证明，心理咨询对心理健康的作用是非常明确的。在心理咨询中通过帮助关系可以使求询者心理健康朝着好的方向转化。

这里包括三个方面的含义：

· 可以帮助求询者提高对待自身和人际关系方面的心理能力。

· 通常的咨询不仅可以消除某些病症，而且也可以促进人格的重建和发展。

· 不仅有心理障碍的人可以寻求咨询，就是在自身发展中遇到阻力的正常人，也同样可以寻求咨询并从中获益。

心理咨询有哪些形式

心理咨询的形式有以下几种：

1. 门诊心理咨询

心理咨询门诊，包括精神病院、综合医院、学校、科研机构所属或私人开设的心理门诊和咨询、治疗中心。门诊心理咨询具有较好的隐蔽性、系统性，是心理咨询中最为主要和有效的方法。门诊心理咨询工作者主要是心理学家、受过心理咨询训练的医生及社会工作者等，主要采用与求助者直接面谈的工作方式。咨询对象主要是各种神经症、心身疾病、人格障碍、性障碍、情绪失调患者和存在心理困扰的正常人。门诊心理咨询可进行团体咨询。比如由一位或两位心理学专家主持、由多名成员参加的自助咨询小组，定期进行聚会，借助于团体关系进行咨询与治疗。团体咨询和治疗的最大好处是，通过团体的情感支持、群体的相互学习和正性体验，使团体成员消除心理病症和困惑。

2. 电话心理咨询

源自20世纪50年代的热线电话的电话咨询，也是心理咨询的一种常见形式。心理咨询电话号码有专用号码，有专门的咨询人员24小时值班，有的还设有流动急诊小组。电话咨询在挽救生命、防止恶性事件发生方面有很好的效果。不过，也不可避免地出现了一些以心理咨询为借口的收费电话服务，有关部门应加强规范。

3. 现场心理咨询

现场心理咨询是指心理咨询工作者深入学校、家庭、机关、企业、工厂、社区等地方，现场接待求助者。其中发展最深入的是家庭心理治疗，把重点放在家庭成员之间的关系上。以整个家庭系统为对象，发现和解决问题，已发展为一种独立的咨询治疗形式。

4. 书信心理咨询

书信心理咨询，就是咨询师根据求助者来信中提出的问题和描述的情况进行疑难解答和心理指导的心理咨询形式，适用于求助者路途较远或不愿暴露身份的情况。优点是较少避讳，缺点是不能全面了解情况，只能提出指导性意见。一些心理咨询机构在接到求助者的信件时，往往给求助者寄去心理咨询的专用病史提纲，或者相应的心理或行为自评量表，让求助者按规定的形式填写后寄回，这样可以规范书信心理咨询。书信心理咨询的效果不好统计研究，但实际工作表明，书信咨询对于某些求助者是很有帮助的。

5. 专栏心理咨询

专栏心理咨询就是通过报纸、杂志、电台、电视等传播媒体，开辟一个专栏，介绍心理咨询、心理健康知识，或针对一些典型问题进行分析、解答的一种咨询方式。目前，我国已经有许多出版物开辟心理咨询专栏，许多电台、电视台等也有相关节目。专栏心理咨询覆盖面大、科普性强，但针对性不强，实际上其作用更重要的是普及相关知识，而非真正的心理咨询。

心理治疗是怎么一回事儿

所谓心理治疗，是应用心理学的理论和方法，改变病人的认知、情绪、意志和行为，来达到消除症状、治愈疾病目的的一种治疗方法。同时，心理治疗还可以通过改变人们对心理致病因素的认识、改善人对社会适应的能力而起预防疾病的作用。

心理治疗与精神刺激是对立的：精神刺激是指语言、表情、动作给人造成精神上的打击、创伤和不良情绪反应；心理治疗则是用语言、表情、动作、姿势、态度和行为给人施加心理影响，解决心理矛盾，治疗疾病，使患者恢复健康。

英国心理学家艾森归纳了心理治疗的几个主要特征：

· 心理治疗是一种两人或多人之间的持续的人际关系。

· 参与心理治疗的其中一方是有特殊经验或接受过特殊专业训练的。

·心理治疗的其中一个或多个参与者是因为对他们的情绪或人际适应感觉不满意而加入这种关系的。

·在心理治疗过程中应用的主要方法实际上是运用心理学的原理，即包括沟通、暗示以及说明等机制。

·心理治疗的程序是根据某些正式的关于一般心理障碍的理论和求治者特殊的心理障碍而建立起来的。

·心理治疗过程的目的就是改善求治者的心理困难，而后者是因为自己存在心理困难才来寻求施治者的帮助的。

心理治疗的对象是人的心理困难与心理障碍。

首先是精神问题。从精神不佳到精神崩溃，均为心理治疗的对象。其次是纯粹心理问题。在现实生活中，很多人有某种心理困难，却又不知如何解决。这种情况，安慰、劝说、算命或休养都难以解决，必须仔细剖析心理症结，研究潜意识动机，得出了真实结论才能彻底医治。最后是心理缺陷。有的人虽有某种心理问题，但并没有明显不适，但在行为或性格上存在一定缺陷，影响了一般生活的适应。行为和心理上的缺陷虽非朝夕之功就能改变，但依靠心理治疗，可以得到慢慢矫正、治疗。

心理治疗有哪些方法

一般而言，有效的心理治疗应达到两大目标：一是解除病人的症状；二是提供心理支持。帮助增加对环境的耐受性，降低易感性，提高心理承受力，增加应付环境和适应环境的能力，使之能自如地顺应和适应社会。

心理治疗的方法主要包括以下几种：

1. 疏导疗法

该疗法主要是凭借言语进行的。根据不同患者或不同病情采用劝导、启发、说明、鼓励等方法，帮助患者自我领悟，增强治病的信心，调动治疗的能动性，从而达到治疗和康复的目的。

2. 认知疗法

它是最常用的一种心理治疗方法。其原理就是在认知理论的基础上通过改变患者的错误认知观念来改变其不良情绪与不良行为。因为人的任何心理过程都是在意识的支配下完成的，当人的认知产生偏差或做出错误评价与解释时，就会导致不良情绪与行为的产生。

3. 暗示疗法

暗示是指以某种观念语言影响自己或他人，使其在缺乏分析批判的情况下加以接受，从而引起一定的心理状态的变化。

暗示疗法可以在清醒或催眠状态下进行。清醒状态下的暗示疗法可分为他人暗示和自我暗示两大类。无论是他人暗示还是自我暗示，都是在患者意识清醒的状态下，通过语言、思维、认知或一定的医疗措施与药物，把某种观念强加给患者，使患者对此深信不疑，从而增强和改善人的心理状态，促进机体代谢功能，达到心理治疗的目的。

催眠暗示疗法是通过催眠术或催眠药物，使患者进入催眠状态，然后用言语进行暗示。

4. 行为疗法

行为疗法是基于人的各种行为都是经过学习和训练得以调整和改造，并建立新的正常的行为，这就是行为疗法的理论基础。行为疗法一般有系统脱敏法、厌恶疗法、行为塑造法、标准奖励法、松弛疗法、技能指导法、自我调节法、生物反馈法等等。

在哪里可以获得专业心理帮助

患了心理障碍既不可悲，也不可怕，你只是不得不面对自己患了心理障碍的命运。

知道自己患了心理障碍之后，人们的第一个情绪反应，往往是自卑。觉得自己被划到软弱无能的那类人中去了。其实，一个人是否患心理障碍，是不由个人的意志决定的，而是由一个人童年的成长环境决定的，换句话说，是命运决定的。它只反映和代表了一个人的成长环境和发育背景，而不代表一个人是否坚强、是否有价值。

得知自己患了心理障碍后的第二个反应，就是悲观失望。因为他们习惯于认为自己是世界上唯一一个最不幸的人，自己患了没办法克服的疾病。

其实，据最保守的估计，人群中的心理障碍患病率也在2%，也就是说，在我国的十几亿人口中，至少也有两千万和你大同小异的心理障碍的患者，所以，你并不是孤立的。心理障碍也不是不可以治愈的，可以说大部分心理障碍都可以通过治疗得到缓解和治愈。只不过缓解和治疗需要付出精神、经济和时间的代价而已。

有了冷静的思考之后，就可以慢慢地思考怎样克服自己的心理障碍了。

面对自己的心理障碍，采取以下的心态会比较有益：

· 必须接受自己的患病现实。

· 必须自己承担起克服心理病的主要责任。

· 在条件许可的情况下，寻求专业心理帮助或专业心理治疗。

患了心理障碍的人，必要时可向心理专业治疗机构寻求帮助，通过向心理医生咨询寻求相应的解决之道。那么，在哪里可以获得专业心理帮助呢？

目前，社会上提供心理帮助的机构和部门很多，概括地讲，有心理热线、心理咨询中心、心理门诊或心理诊所、心理病院和精神病院。这些心理帮助资源各有所长，也各有所短，心理障碍患者应该根据自身的问题特点，选择求诊部门。

一般说来，紧急的日常心理危机，比如家庭纠纷和一过性的心理烦恼，适合通过心理热线暂时得到缓解。学习障碍、轻度社会适应不良，适合于到由社会教育工作者主办的心理咨询中心，接受心理咨询。

神经症、人格障碍和性心理障碍等发病时间较长、有一定人格基础的心理障碍，适合去心理门诊或心理诊所，接受系统心理治疗。而精神分裂症或躁狂抑郁症等重症精神病和有自杀行为的人，在发作期适合到精神病院，接受以化学药物治疗为主的专业治疗。

澄清对心理咨询的几种误解

如今许多原来不把心理问题当回事的人，已意识到自己可能有心理疾患，并产生了主动求助于心理医生的愿望。但不少人对心理咨询的认识仍有一定的局限性，甚至产生了一些曲解，使心理问题不能较好地得到解决。

希望能通过以下几个“不等式”了解心理咨询的性质和工作方式，打消顾虑，敞开心扉，积极主动地与心理医生进行配合，帮助自己解除痛苦，营造积极健康的生活。

1．心理问题不等于精神病

心理咨询在我国是一门起步较晚的新兴学科，它对于人们有一种神秘感。来访者通常都是左思右想、鼓足了勇气才走进诊室，在医生反复保证下，才肯倾吐愁苦；或是绕了很大圈子，才把真实的情况暴露出来。因为在许多人眼里，来咨询的人很可能有什么不正常或有精神病，要不就是有见不得人的隐私或道德品质方面有问题。此外在中国人的传统观念中，表露出情感上的痛苦是软弱无能的表现，对男性来说尤其如此。

以上种种原因，使得很多人宁愿饱受精神上的痛苦折磨，也不愿或不敢前来就诊。其实，心理问题与精神病是两个不同的概念。每个人在成长的不同阶段及生活工作的不同方面，都有可能会遇到这样那样的问题，导致消极情绪的产生。对这些问题如能采取适当的方法予以解决，个体就能顺利健康地发展；若不能及时加以正确处理，则会产生持续的不良影响，甚至导致心理障碍。这样看来，心理问题是日常生活中经常会遇到的，就这些问题求助于心理咨询并不意味着有什么不正常或有见不得人的隐私，相反，这表明了个体具有较高的生活目标，希望通过心理咨询更好地自我完善，而不是回避和否认问题，混混沌沌虚度一生。

有相当一部分人认为精神病就是疯子，其实他们所说的精神病严格地来讲是重性精神病，如精神分裂症、躁郁症等，它与一般的心理问题和轻度心理障碍有很大区别。绝大部分精神病人对自己的疾病没有自知力，更不会主动求医。

2. 心理学不等于窥见内心

两个久未谋面的老同学在路上不期而遇，其中一个知道对方是心理治疗师，就让他猜一猜自己现在心中想些什么。许多来访者也有类似的心态，他们不愿或羞于吐露自己的心里话，认为只要简单说几句，咨询者就应该能猜出他心中的想法，要不就表明咨询者水平不高。其实心理治疗师也是人，他们没有什么特异功能，他之所以能窥见他人的内心世界，只是应用心理学

的理论和方法，对来访者提供的一定信息进行讨论和分析，并进行咨询与治疗。因此，来访者需详尽地提供有关情况，才能帮助医患双方共同找到问题的症结，有利于治疗师做出正确的诊断并进行恰当的治疗。

3. 心理咨询不是无所不能

许多来访者将心理咨询神化，似乎咨询者无所不能，就像一个开锁匠，什么样的心结都能一下打开，所以常常来诊一两次，没有达到所希求的豁然开朗的心境，就大失所望，再也不来了。实际上，心理咨询是一个连续的、艰难的改变过程。心理问题常与来访者的个性及生活经历有关，就像一座冰山，积封已久，没有强烈的求助、改变的动机，没有恒久的决心与之抗衡，是难以冰消雪融的，所以来访者需有打持久战的心理准备。

4. 心理咨询不等于思想工作

来访者中还有另一种极端的认识，就是认为心理咨询没多大用处，无非是讲些道理，因而忽视或未意识到心理问题是需要治疗的。一女孩因强迫观念痛苦异常前来就诊，家人反对并干涉："你就是死钻牛角尖，想开点就会好的。"亦不让患者服药。患者得不到家人的理解支持，内心很绝望，从而影响到治疗的连续性和效果。心理咨询作为医学中的一门学科，有着严谨的理论基础和诊疗程序，它与思想工作是有本质区别的。思想工作的目的是说服对方服从、遵循社会规范、道德标准及集体意志，而心理咨询则是运用专门的理论和技巧寻找心理障碍的症结，予以诊断治疗，咨询者持客观、中立的态度，而不是对来访者进行批评教育。另外，某些心理障碍同时具有神经生化改变的基础，需要结合药物治疗，这更是思想工作所不能取代的。

5. 心理医生不是救世主

一些来访者把心理医生当作救世主，将自己的所有心理包袱丢给医生，以为医生应该有能耐把它们一一解开，而自己无须思考、无须努力、无须承担责任。多年来传统的生物医学模式就是，病人看病，医生诊断、开药、治疗，一切由医生说了算，要求病人绝对服从、配合，因此来访者自然而然地把这种旧的医学模式带进心理咨询。然而，心理咨询与心理治疗是新的生物——心理——社会医学模式的产物，心理医生只能起到分析、引导、启发、支持、促进来访者改变和人格成长的作用，他无权把自己的价值观和愿望强加给来访者，更不能替来访者去改变或做决定。来访者需认识到，救世主只有一个，那就是自己。只有改变自己、战胜自己，最终才能超越自我，达到理想目标。倘若把自己完全交给医生，消极被动，推卸责任，只会一事无成。

如何做好心理治疗前的准备工作

听其自然，是最佳的也是最难达到的理想治疗状态。

首先，必须为心理治疗留下固定的时间。

这对于成功的心理治疗非常重要，因为，在一定时间内，施加恒定的治疗和心理影响本身，就是心理治疗奏效的基本因素，时间保证不了，治疗就无从谈起。三天打鱼两天晒网，或者治疗时间总是改来改去的治疗是不会奏效的。这是一种对于治疗和改变的阻抗。通常心理治疗的频度在每周1~5小时，个别甚至可以达到10小时，总的疗程，根据疗法不同，时间长短不一，行为疗法可以是几个月，精神分析疗法需要几百小时，通常都需要几年，个别严重的，可能需要终生咨询。所以，决定治疗前，必须做好时间安排。

其次，就是做好经济上的准备。

心理治疗费通常是比较昂贵的，大约在30 ~ 100元/小时，平均每月的治

疗费用，要在200~600元。而且，大部分治疗都难以在短时间内奏效，所以心理治疗的总费用大约在5千至2万元。在进行治疗前，必须对此有充分准备，量力而行。

第三个准备，也是最重要的准备，就是必须准备好承受治疗和改变过程中的痛苦。

无论是行为疗法还是森田疗法，在治疗过程中，患者都必须承受一些焦虑和痛苦，都必须面对、接受、承受自己的内心冲突，这是任何急救疗法都无法避免的。它相当于外科手术中不可避免的疼痛和失血。这些痛苦在治疗的一定阶段，甚至会超过心理病本身给患者造成的痛苦。可以说，“小痛小悟、大痛大悟、无痛不悟”，没有痛苦的心理治疗，只能算作止痛针和麻醉剂，真正的治疗并没有进行。伴随痛苦和改变的心理治疗，才是真正的心理治疗。没有勇气承受治疗痛苦的患者，是无法从真正的心理治疗中获益的。

在上述的准备比较充分之后，就可以让医生进行治疗了。治疗中的配合包括多方面，最重要的，就是在治疗中尽可能做到真实，真实地表达和表现自己。其实，通常医生对患者几乎没有过多的要求，只要能按时与医生接触，一切就都可以听其自然了，听其自然，是最佳的也是最难达到的理想治疗状态。

怎样选择心理治疗师

选择合适的心理治疗师当然是有一定的标准的，但最重要的还是那句老话：最适合的就是最好的。

可以根据以下三点，选择心理治疗师：

第一点，也是最重要的一点，就是医生的健康的人格。

健康人格对患者的影响，是心理治疗能够奏效的根本原因。人格是难以客观评价的，主要凭主观体验，这种体验，就是在与医生有了初步接触之后，产生了信任和喜欢的感觉。即使这个心理治疗师的人格是基本健康的，也不见得适合所有患者。因为研究表明，并不是一个心理治疗师能够适合所有类型的患者，只有医生与患者的人格比较匹配的，才能产生比较理想的治疗效果。因而，那些在初次见面容易使患者产生好感的医生，可能对这个特定的患者更有帮助。

第二点，就是医生的理论水平。

这可以从其所受的教育、所获得的学位、所受的训练以及咨询过程中对于心理问题的解释，得到间接的了解。

第三点，就是治疗技术。

治疗技术包括倾听技术、解析技术、沟通技术等。对于技术水平的了解，可以通过治疗师工作经历的长短、治疗过程中对于节奏的把握、关键点的切入能力、核心情结的深入透彻理解力，来逐渐进行。

此外，还可以通过学术界或心理治疗的同行那里，了解治疗师的背景和能力作为选择心理治疗师的参考。

总的说来，那些看起来和蔼可亲、善解人意、令人信任和喜欢、有医学或心理学背景、学历较高、接受过专业训练、有长期丰富的心理治疗经验、阅历比较丰富、年龄在30岁最好在中年以上、得到专业心理治疗协会或社会认可的心理治疗师，可能是比较适合的。

最终是否适合，还是要靠患者自己在心理治疗过程中去实际感受。当你考虑了上述的一些参考条件后，可能会使你的选择效率更高。

走出心理病治疗的误区

在诊治心理病的过程中，有很多心理病之所以治不好，是因为患者陷入了某些误区。

最常见的误区就是，病人一味地去寻求特效疗法，如特效药、高级仪器、外国疗法，凡是媒体上宣传过的，都要匆匆忙忙试一试，而每种疗法又都是浅尝辄止，忽视了调动患者本人的内在潜力和能动性。而调动患者本人的内在潜力和能动性，恰恰是心理治疗的核心，也是治疗取得疗效的根本原因，如果忽视了核心和根本，治疗当然不会取得成功。

第二种常见误区，是病人在心理治疗过程中，颠倒了医生和病人间的主次关系。心理病的诊疗与一般疾病的一个显著区别就在于，患者是治疗的主体，医生是辅体。如果把心理病的治疗比作一次心灵手术的话，那么最合适、最理想的手术者并非心理医生，而是心理病患者本人，心理医生只是手术的助手和顾问，绝不能越俎代庖，否则，只会拔苗助长。

第三种常见误区，是病人对于治疗的难度和所需时间估计不足。据研究，任何心理病的产生，都有病态性格做基础，性格基础不动摇，心理病的症状也将难以根除。而性格是在五岁以前的铸型作用下形成的，五岁以后就基本定型，一旦定型，终生难以改变。我国的谚语里，也有“江山易改，本性难移”的说法，可见，心理病的诊治原本就是艰难而漫长的。对此缺乏认识和没有足够的准备，陷入急于求成的误区，治疗就容易失败。

心理病治疗不能打包票

世界上没有只有治疗作用而没有副作用的疗法，心理治疗当然也不会例外。

心理治疗的副作用，体现在以下三个方面：一是使患者停滞不前；二是使患者的病情加重；三是使患者增加了新的问题。

最常见的副作用，是使患者停滞不前。

比如，一个依赖型的患者，把依赖的模式转移到医生身上，而这个医生没有察觉，下意识地在满足和鼓励患者的依赖模式，这将导致患者的依赖模式难以解决，治疗当然就会停滞不前了。还有的患者心理问题的核心是被动，习惯于接受别人的控制，如果恰好遇到一个习惯于控制别人的治疗师，患者和治疗师会形成“控制—接受控制”的病态同盟，这样的关系表面上似乎非常舒适，但是，患者的根本问题并没有得到解决，患者的人格没有得到发育和成熟。

第二种可能出现的副作用，是加重患者的病情。

这样的情况，是非常少见的，通常发生在边缘型人格障碍的心理治疗。由于这些患者的心理防御机制比较脆弱，如果治疗强度过重，会使患者的防御机制崩溃，使病情一过性地加重。还有个别患者，存在着很隐蔽的自虐心理，将心理治疗视为自虐的工具，这样的人，心理治疗在表面上越成功，他的受虐心理越得到满足，病情也就越重、越顽固。

第三种可能发生的副作用，是制造新的问题。

这样的情况，是非常罕见的，它通常发生在一个非常变态的医生和一个心理上非常幼稚的患者之间，是以医患双方严重的施虐受虐心理做基础的。这种情况似乎只是在西方的心理片中可以领略到。

心理治疗的副作用，主要是来自医生的不成熟。好在心理治疗是一种自纠过程，患者会本能地退出这样的治疗。而且，对心理医生督导制度的产生，也可以一定程度地避免心理治疗的副作用。所以，心理治疗和其他治疗比起来，还是属于安全度比较高的治疗，不必过分担心。